U0796828

话语与国际关系

国际政治语言研究

孙玉华◎主编　　刘　宏◎副主编

Discoures and International Relations:Studies on International Political Languages

时事出版社

序　言

语言与国际政治、国际关系密不可分。虽然语言中的政治因素早在古希腊罗马修辞学及论辩术中就得到了较为细致的研究，但直到20世纪后半叶，学者们才真正从学理上提出并厘清政治语言、政治话语等概念，并由此开始了语言与政治的专门研究。从20世纪80年代开始，国际政治研究出现了语言学转向，从语言建构的角度分析国家间关系，与此同时，语言学界也开始关注从语言学视角对政治文本进行语篇分析，尝试揭示语言背后的心理动机，政治语言研究渐渐成为学界的一种研究思潮。

语言本体论的确立对国际政治与国际关系研究意义重大。既然语言定义了人本身，那么政治作为上层建筑领域中各种权力主体维护自身利益的特定行为以及由此结成的特定关系，作为人类历史发展到一定时期产生的一种重要社会现象，不可避免地带有语言本性，更是一种高度语言化的社会活动。国际政治与国际关系研究中的“语言政治”问题及“政治语言”问题，实际上都是对政治交际主体双方在语言框架下、试图通过语言获得权力的内在规律、方法与策略的总结，其中涉及的主要问题是对话语权的掌控。某种程度上，国际政治交际中占据主导地位的一方正是掌握话语权的一方，拥有话语权意味着有权制定规则、解释规则，并按照规则行使权力。美国学者罗宾·洛克夫甚至认为，20 世纪末的权力和地位之争是对话语权力的争夺，语言控制权实际上是一切权力的核心基础。

哲学的语言学转向从根本上颠覆了西方传统哲学的形而上学传统，建立了以语言为根本问题的新的研究范式，即通过语言重新考察西方哲学传统的重大命题，如世界、本体、思维、认识、存在、意识、经验等，深刻影响了西方人文科学研究的几乎所有领域，其中也包括国际关系与国际政治研究。① 20 世纪 80 年代以来，国际政治、国际关系研究同样经历了语言学转向。学者们深刻认识到，语言与政治之间存在相互联系、相互促进的共变关系。政治交际作为人类活动领域之一，同样具有语言性。语言作为政治交际的重要载体，为达成政治交际意向，获得交际成功起着不可或缺的重要作用。语言一方面决定着政治交际双方占据主导地位的思维方式，另一方面也在政治交际过程中起到了意向表达与理解、认识与解释的中介作用。语言同样可能成为政治行为本身，可能成为政治权力本身。同样，国际政治、国际关系不断演进与发展，国际政治局势分化组合，对区域各国语言发展变化、语言政策制定、语言接触与融合等同样造成重要影响。国际关系学界越来越认识到抛开语言的国际关系研究是不完整的。从语言入手，国际关系研究可

---

① 这里，按照学界通行定义，国际政治指国际社会中各主权国家、国际组织以及各种政治力量相互之间的关系及其矛盾运动过程的综合。国际关系指人们超越国家界限建立起来的一种特殊社会关系，它主要包括政治、经济、军事、社会等等关系，作为政治学的一个分支，研究国际社会之间的外交事务和关系。

望进入一个新的未知领域，提出新问题、新对象，运用新方法，别开一番天地，获得新发现。

以欧美为代表的当代西方学者对语言与政治的研究开始于20世纪40年代。出于不同的研究取向和目标，西方语言与政治研究可以大致分为两个阵营：一是在语言学界内部，运用语言学方法对政治话语进行某一体裁或题材的句法、语义、语用、篇章分析；一是在国际关系学界内部，主要是对国际政治语言学作为学科分支进行学理探讨，或基于建构主义理论、言语行为理论等就语言游戏、政治概念隐喻等主题进行专题研究。

最早进行语言与政治研究的是语言学者。学界一般认为，作为独立学科方向的语言与政治研究产生于20世纪下半叶。到了20世纪末、21世纪初的西方政治语言研究作为一个独立的学科方向得以确立，有了自己的理论传承与基础，形成了学科名称，厘清了研究对象与方法，形成了不同的研究流派。Ozolins（1996）在《语言政治与政治现实》中认为语言与政治研究可以从三个视角入手：（1）社会视角：分析具体的语言运用和态度；（2）文化视角：分析语言在文化语境下的意义；（3）语篇分析视角：通过语篇分析语言态度。20世纪末至21世纪初，政治语言学作为独立的语言学分支学科逐步建立。2006年，John E. Joseph发表著作《语言与政治》。全书共分七部分，从宏观上集中讨论了语言选择与民族认同、语言帝国主义、少数民族语言权利、弱势语言等问题；从微观上解析了性别语言、禁忌语、修辞、政治宣传语、新闻语篇分析等问题。系统功能语法学派也对政治语篇进行了深入研究，代表人物有Halliday&Matthiessen、Thompson等。

与政治语言学的语言学取向不同，国际政治中的语言问题开始于20世纪80年代国际关系研究中的语言学转向之后。这一方向的语言与政治研究，目的不是为了探究语言自身的规律问题，而是要从语言学相关理论入手解决国际政治与国际关系问题。因此，无论怎样强调语言的重要性，语言在此都带有工具化色彩。学者所论多从结构主义语言学、建构主义、言语行为、后现代主义理论等语言学、哲学理论与方法入手，对国际政治、国际关系中的相关问题进行分析与解释，面向的还是国际政治与国际关系本体研究。

目前，无论是在中国还是在西方，关于语言与政治的讨论还在继续。关于语言与国际政治的研究补充了国际关系中关于“究竟是什么描述继而塑造了我们的认知”的回答，对于该领域的研究有力推动了新的范式的发展。本书收录了近些年中国学者对于这个问题的思考和回答，这些观点也必将成为政治语言学发展谱系上的重要结晶。非常感谢刘春云、于晓丽在本书的编撰过程中所付出的辛勤和努力。

孙玉华

2015年5月

大连旅顺

目　　录

第三部分　话语与文化表达：分析与对策

第一部分

国际政治语言研究:理论与实践

语言的政治 VS 政治的语言

——政治语言学的理论与方法*

语言与政治之间的关系密不可分。本文旨在从政治语言学学科建构角度，厘清政治语言学学科建设的相关理论问题。本文认为政治语言学是一门语言学分支学科，语言与政治的共变关系是其研究对象。政治语言学应在新的问题领域基础上建立其概念体系，政治文本和政治话语是语言与政治研究的基本单位，对话性是其方法论基础。学科意义上的政治语言学应当区分“语言学的政治语言学”和“政治学的政治语言学”两个研究方向。我国的政治语言学应从理论建设与实践研究两个方面分别在政治语言学的语言学和政治学方向寻求突破。

一、问题的提出

语言与政治之间的关系密不可分。虽然早在古希腊罗马时期，语言中的政治因素就是修辞学及论辩术的研究对象，但直

* 作者：孙玉华，大连外国语大学校长，教授；刘宏，大连外国语大学副校长，教授；彭文钊，大连外国语大学俄语系主任，教授。

到20世纪后半叶，学者们才真正从学理上提出并厘清政治语言、政治话语等概念，并由此开始了语言与政治相互关系的专门研究。

以欧美为代表的当代西方学者对语言与政治的研究开始于20世纪40年代。出于不同的研究取向和目标，西方语言与政治研究大致可以分为两个阵营。一是在语言学界内部，运用语言学方法对政治话语进行某一体裁或题材的句法、语义、语用、篇章分析或批评性话语分析；一是在国际政治、国际关系学界内部，主要是对语言与政治关系问题进行学理探讨，或基于建构主义理论、言语行为理论等就语言游戏、政治概念隐喻等主题进行专题研究。20世纪80年代以来，国际政治、国际关系研究经历了语言学转向。学者们深刻认识到，语言一方面决定着政治交际双方占据主导地位的思维方式，另一方面语言也在政治交际过程中起到了意向表达与理解、认识与解释的中介作用。语言既有可能成为政治行为本身，又有可能成为政治权力本身。

虽然国内外学者对语言与政治问题研究不断深入，但政治语言学的学科建构问题尚未得到解决。在西方，虽然语言与政治问题广受语言学者和政治学者关注，但学科意义上的政治语言学仍未取得合法的一席之地。与之相反，在俄罗斯，政治语言学（политическая лингвистика）作为一门独立学科已被明确提出，形成了以乌拉尔国立师范大学丘季诺夫（А. П. Чудинов）教授为代表的政治语言学研究流派，并出版了名为《政治语言学》的学术期刊①。

在我国，语言与政治研究才刚刚起步，无论在学科建设还

① 卢婷婷：《政治语言学的学科构建——〈政治语言学〉述介》，载《当代外语研究》，2011年第1期，第60—61页。

是理论与方法上，还没有形成广为接受的理论认识，政治语言学无论作为概念本身还是学科方向都亟待正名，并在此基础上展开讨论，形成共识。

本文拟从学科建构角度，尝试就政治语言学学科建设的一些重要理论问题进行分析，并提出尝试性解决方案，旨在为国内语言与政治研究提供一个可操作的政治语言学理论框架，为在我国建立政治语言学新学科抛砖引玉、就教方家。

二、政治语言学的学科建构问题

（一）政治语言学的学科性质与定义

无论是西方、俄罗斯还是我国，目前还没有一个为学界共同接受的政治语言学定义。基于对政治语言学学科性质的不同理解，学者们对政治语言学多采取了描述性的定义方法。例如，俄罗斯学者玛丝洛娃（В. А. Маслова）[①] 认为，政治语言学是在两个独立的学科——语言学和政治学交叉的基础上产生的，是与其他现代语言学科（特别是语用学、交际语言学和认知语言学）紧密联系的语言学分支。Чудинов[②] 教授指出，政治语言学是一门相对年轻，但正在迅猛发展的人文学科，它产生于语言学与社会学和政治学交叉的基础上，主要研究政治交际的特点，其研究重点之一是怎样利用语言资源获取政治权

① Маслова В. А. Политический дискурс：языковые иг－ры или игры в слова? // Политическая лингвистика. －Екатеринбург，（24）：3－48. 2008.

② Чудинов А. П. Метафорическая мозаика в совре－менной политическойкоммуникации/Урал. гос. пед. ун－т ［М］. Екатеринбург. 2005.

力，操纵社会意识。[①] 我国学者孙吉胜则认为，政治语言学主要是研究政治背景下的语言以及把语言作为在社会上获取优势或是统治的一种工具来研究语言的权力地位以及对语言的社会认识，前者可以理解为是语言与政治，或是政治的语言，后者可以理解为语言政治。

上述定义的分歧在于，语言学学者认为政治语言学是一门语言学分支学科，而国际政治、国际关系学者则认为政治语言学作为国际政治下设的一个分支，重点研究国际政治中的语言或是语言中的国际政治因素。[②] 我们认为，分歧基于语言与政治相互关系的讨论，与不同研究对象、研究取向与研究目的直接相关。如果将问题简单化，采取语言学立场，以认识语言自身与运用规律为目的的语言与政治研究应当归入语言学范畴；而采取政治学立场，以政治学及国际政治、国际关系取向的语言与政治研究应当归入政治学范畴。但问题远非如此简单。

由于政治语言学的交叉学科性质、跨学科性质，理论基础与研究对象的双重性以及对象物的共通性，政治语言学也和社会语言学、语言文化学、心理语言学等交叉学科一样，必须回答"就什么而为什么"的学科性质的根本问题。我们认为，政治语言学是一门语言学分支学科。它是就语言（言语）而为语言与政治相互关系研究的一门交叉学科。由于理论基础的双重性，与上述几门交叉学科一样，同时存在着有相互联系又相互区别的两个研究取向，语言学取向和政治学取向。此前的语言

① 杨可：《俄罗斯现代政治语言学——一门新兴的交叉学科》，载《中国俄语教学》，2012 年第 1 期，第 7—10 页。

② 孙吉胜：《跨学科视域下的国际政治语言学：方向与议程》，载《外交评论》，2013 年第 1 期，第 12—29 页。

与政治研究之所以存在认识上的模糊性，正是因为对政治语言学的学科性质认识不清，由此带来了研究对象与研究目的的不确定性。内涵既不确定，外延无限扩展，这就是目前语言与政治研究面临的最大难题，不解决它，政治语言学学科地位的科学性及合法性就将面临巨大挑战。

借鉴社会语言学的学科定位，结合政治语言学研究现状，我们可以为政治语言学下这样一个定义：政治语言学是建立在语言学和政治学交叉点上的一门语言学分支学科，它主要运用语言学、政治学等学科理论与方法，研究语言与政治的共变关系问题，旨在通过政治交际研究作为言语活动的政治话语，研究通过语言运用获得政治权力与意识形态操控的规律与策略。

（二）政治语言学的研究对象与概念体系问题

一门新兴学科的确立某种程度上是从研究对象的确立开始的。政治语言学的研究对象是什么，学界尚未达成共识。Чудинов 认为，政治语言学的研究对象是政治交际。[①] 俄罗斯学者扎伊采夫（А. В. Зайцев）[②] 认为政治交际和政治话语应当成为政治语言学的研究对象。孙吉胜[③]将语言视为政治语言学的研究对象。雷大川则认为政治语言学的研究对象具有多维性，“对于政治语言学而言，政治视域中的语言问题、语言范畴中的政治问题以及政治与语言之间的关系问题是其主要

---

① Чудинов А. П. Политическая лингвистика［M］, М.: Наука: Флинта, 2012.

② Зайцев А. В. Лингвополитологияvs политическаялингвистика: возможен ли диалог?［J］, NB: Филологи－ческие исследования,（1）: 25—81, 2012.

③ 孙吉胜：《国际关系理论中的语言研究：回顾与展望》，载《外交评论》，2009 年第 1 期，第 70—84 页。

研究对象”。还有众多学者笼统地从事“政治语言”研究，有将所谓“政治语言”作为研究对象的误区。从上述学者的观点来看，政治语言学的研究对象有扩大化（语言）、单一化（政治交际）、笼统化（政治语言）、杂糅化（多维性）的倾向。

分析表明，政治语言学无非研究两类问题：一是语言的政治性问题，一是政治的语言性问题。政治语言学的研究对象既不能泛化到“语言”的程度，也不能将其局限在“政治交际”范畴，甚至将“政治话语”这一政治语言学对象物作为其研究对象。至于将上述几个概念全部纳入政治语言学的研究对象，则会使其面临内涵的不确定性和外延的无边界困境，进而动摇政治语言学的学科基础。我们认为，从政治语言学的语言学和政治学取向出发，考虑到政治语言学研究的论域和主要流派，基于前述政治语言学定义，我们可以将语言与政治之间的共变关系作为政治语言学的研究对象。所谓共变关系是指语言与政治作为社会发展的自变量与因变量要素，一个要素的变化必然带来另一个要素的相应变化，二者之间存在依存与影响的相互关系。

一方面，语言具有政治性，语言作为意识形态工具，对政治活动具有潜在与现实的影响。语言世界观理论认为，每种“语言”作为本体论意义上的存在，都对政治交际过程如何被范畴化、概念化、言语化，以及对政治权力如何获取和政治意向如何得以表达、理解与解释的方式施加了影响与限制。在一个特定的政治共同体中，存在特定的政治话语言说范式。英国政治哲学家约翰·波考克（John Pocock）将其称之为“政治论辩的模式”或“讨论政治的方式”，认为言说范式在一定程度上决定了言说的内容，为了建立一个政治文本的意义，为了发现其作者事实上都说了什么、意指了什么或传递了什么，学者们的首要工作就是去寻找并重建这些作为政治论辩模式的“语言”，以及这些“语言”经由时间而产生的变动。①

另一方面，政治具有语言性，政治的发展变化对语言发展变化同样具有重要影响。国内政治形势的发展、国际政治局势的变化、阶层的分化、社会矛盾冲突的出现和解决、政党与政治派别的消长、选取政治的进程、政治领袖的言行、突发政治事件等等，都对语言系统自身发展带来深刻影响。政治语言学研究正是在语言与政治之间共变关系的探讨中寻求突破，描写与解释政治交际、政治话语中所要表现的语言性与政治性的规律性。

明确了政治语言学的研究对象，才能进一步建立政治语言学研究的概念体系，厘定政治语言学研究的基本单位。

Чудинов 从政治交际与语言的政治世界图景（或语言—心智世界图景）［языковая（лингвоментальная）картина политического мира］角度提出了政治语言学研究的一些基本概念，包括政治交际（политическая коммуникация）、政治语言（политический язык）、政治语篇（политический текст）、政治言语（политическая речь）、政治语言风格（политический языковой стиль）、交际及其变体的政治领域（политическая сфера коммуникации и ее развидности）、政治言语体裁（жанр

① 周保巍、李宏图：《从“政治哲学史到政治语言史”——约翰·波考克和政治思想史研究》，载《复旦政治学评论》，2009 年第 1 期，第 271—290 页。

политической речи）、政治话语（политический дискурс）、政治概念（политический концепт）、心智领域（ментальные сферы/ментальные поля）、政治话语中的定型（стереотипы в политическом дискурсе）、政治话语中的价值与反价值（ценности и антиценности в политическом дискурсе）、集会话语（ми－тинговый дискурс）等。

上述政治语言学的基本概念中，核心概念有两个——政治交际和政治话语。前者被认为是政治语言学的研究对象，后者被认为是政治语言学主要的对象物。其他概念，分别是对语言/言语二分法、功能语体、语言单位、语言文化学等相关概念的演绎和派生。实际上，类似列举式的概念和术语无法穷尽一门新兴语言学分支学科的概念体系，类似政治隐喻、政治词汇、政治交际意向、政治符号等概念可以随时产生。上述概念及术语与其说是为了建立政治语言学自身的概念体系，不如说是为了指出政治语言学的研究领域。

分析表明，政治语言学的语言学及政治学研究的对象物没有超出相关语言学分支学科的研究范围，基本方法亦多采用综合性研究方法，仍未形成有政治语言学特色的概念、术语体系。需要指出的是，虽然政治语言学作为新兴学科远未成熟，但在概念使用上，应该保持原始概念的科学性。例如，目前学界广泛使用的所谓“政治语言”就存在概念滥用问题，在所有使用“政治语言”概念的地方，作者所指的都是“政治言语”概念。事实上，各语言系统中不存在“政治语言”这一子系统，因此科学意义上的政治语言学研究应避免将此类日常言语引入严谨的科学研究中来。

现阶段，由于政治语言学尚未形成具有自身学科特色的研究领域，因此还没有像语言文化学、社会语言学、心理语言学一样建立各自的概念体系。新的概念体系来自新的问题领域。新兴学科建立与发展离不开学者们从各自角度提出对该学科而言现实而又重要的新问题，由此产生该学科新的理论与方法。政治语言学作为一种综合性的方法论体系，可望整合相关理论与方法，提出新问题，拓展新领域，建立具有政治语言学特色的论域及概念、术语体系，形成新的政治语言学理论框架、方法论体系与实践分析领域。

（三）政治语言学研究的基本单位

Чудинов 虽然对政治语言学的基本概念做了简要描述，却对其中两个关键概念——政治语篇（文本）与政治话语及其相互关系——语焉不详。他认为，政治语篇（политический текст）指“政治交际完结的言语作品，其实现形式是话语”[①]。“政治语篇是具有一定意向的语篇，意向指语篇为达到一定的结果的总的定位、趋向。”[②] 话语是特定社会语境中人与人之间进行交际的具体言语行为，即一定的说话人与受话人之间在特定社会语境中通过文本而展开的交际活动，包括说话人、受话人、文本、沟通、语境等要素。冯·戴伊克（Teun A. van Dijk）认为话语是一种语言的运用（performance），是与交际事件概念相适应的语言形式、意义与行为的复杂统一

---

① Феденева Ю. Б. Моделирующая функция метафорыв агитационно – политических текстах90 – х гг. XX века：Дис. . . . канд. филол. наук ［М］. Екатеринбург，1998.

② Магера Т. С. Текст политического плаката：лингво – риторическое моделирование（на материале региональ – ных предвыборных плакатов）. Автореф. дис. . . к. ф. н. ［М］. Барнаул，2005.

体；话语与语言的实际应用相关，是社会语境中的语言运用。[①]

Чудинов 对政治语言学研究中的“政治语篇”和“政治话语”之间的关系问题采取了回避策略，认为政治语篇更像是纯语言学概念，而政治话语则具有社会语言学性质，是语言文化学、社会语言学、政治语言学共同研究的对象物。他认为，政治话语是政治语言学最重要的概念，在研究实践中多采用“话语”而不是“语篇”来讨论问题，某种程度上，“政治语篇”概念受到了有意无意的忽略。

政治话语无疑是政治语言学的核心概念之一。它作为政治语言学的对象物具有双重性：既可以在语言学层面上进行研究，又可以在政治学层面上加以考察。同时，政治语篇的批评性话语分析作为篇章分析的一部分，在政治语言学研究中事实上是无法回避的。该如何处理二者之间的关系问题事关政治语言学研究的核心方法。我们认为，文本理论可以解决这一难局。

基于索绪尔语言/言语二分法，文本既是语言的存在，也是言语的存在。它既是结构主义语言学视域下最大的语言单位，又是功能语言学框架下运用的语言。文本是言说的话语，具有语境和意义，以其意义生成与理解的对话性、开放性、创造性和未完成性、阐释性特征区别于语篇概念。法国著名学者利科（Paul Ricoeur）则将“文本”定义为“任何由书写所固定下来的任何话语”，认为文本不言而喻具有主体性、对话性，

① Ван Дейк，Теун А. Язык. Познание. Коммуникация：Пер. с англ［A］. Сост. В. В. Петрова；Под ред. В. И. Гера－симова；Вступ. ст. Ю. Н. Караулова и В. В. Петрова［C］. Прогресс，1989.

它表达的是说话者的意图及其所意指的意义。话语与交际、社会语境相关，交际过程及其话语事件构成了文本的背景，而文本是话语的语言实现形式。

如果我们从文本角度将“политический текст”理解并翻译为“政治文本”，则可解决目前存在于两个概念之间的逻辑难题。由于政治话语与政治交际直接相关，那么，凡是书面化了的政治话语都可以称之为“政治文本”。它可以是各种形式、各种语境下的辩论、发言、演讲、会谈、访谈、访问、谈判、标语、口号等政治话语，书面化之后即成为政治文本。政治话语是政治文本言语化的、作为政治交际事件的言语活动；政治文本是政治话语的实体化结果。从符号学角度，政治文本分析可以是“能指”的研究和“所指”的研究。前者可以在政治文本内部进行词汇解码、句法衔接与连贯、修辞手段等形式化分析，后者可以对语境下的政治文本的关键词、概念、定型、先例现象、隐喻、象征等语言意识表征进行深层语义、语用分析。这样，我们就把“政治文本”和“政治话语”作为政治语言学研究的基本单位。任何政治交际中的言语活动（政治话语）最终都能落实为政治文本，以政治文本为基本单位进行的研究，同时可以将政治话语包括在内，可以分别进行语言学和政治学取向上的描写与解释性研究。

（四）语言的政治与政治的语言——政治语言学的主要研究方向

基于以上定义，我们可以将政治语言学放在两个方向上加以考察：一是政治语言学（политико - лингвистический подход）方向，可以称其为语言学的政治语言学；一是语言政治学（лингвополитологический подход）方向，可以称其为政治学的政治语言学（лингвистическая политология/лингвополитология）。事实上，俄罗斯学者针对政治语言学学科性质和研究取向已有不少讨论。① Зайцев 认为，政治语言学的语言学方向将政治交际作为权力斗争、信息影响、意识操控，政治交际在此被认为是主客体的相互作用关系，事实上将权力与社会的对话互动排除在外。而语言政治学方向将政治交际视为主体间性关系，研究的是主体间相互促动关系，实质上是国家与公民社会间的对话关系。

按照这种区分，政治语言学的语言学方向关注的是政治交际中的语言运用问题，政治交际双方作为主客体关系，努力实现一方（主体）对另一方（客体）的交际意向（коммуникативная интеция）如何能够通过语言（言语）手段得到实现，获得政治权利是这一交际意向的唯一指向。因此，政治言语的体裁问题、政治文本的运作特点、政治文本的结构与语义、政治文本的先例与定型、政治文本中的隐喻问题、政治文本的表现力、政治话语中的语言游戏、政治话语的修辞问题等等与语言自身相关的问题成为政治语言学语言学取向研究的主要问题。换句话说，学者们这里关注的并非政治交际本身，而是保证政治交际获得成功的特定语言（言语）手段，侧重语言的政治性研究。

与此相对，政治语言学的政治学取向关注的恰是政治交

① Зайцев А. В. ЛИНГВОПОЛИТОЛОГИЯ VS ПОЛИТИЧЕСКАЯ ЛИНГВИСТИКА：ВОЗМОЖЕН ЛИ ДИАЛОГ? //NB：Филологические исследования. —2012. –№1. –С. 25 –81.

际本身。政治交际广泛存在于国家、社会团体、社会不同阶层及其代表人之间，政治交际的本质在于通过对话获得交际主体双方的理解与共识。语言作为政治活动的要素及政治交际的媒介，一方面介入政治交际，影响政治交际进程，有显性的一面；另一方面，作为思维方式、价值判断、世界观形成背后的语言决定论因素，政治交际过程中民族个性、心智意识、语言意识等形成操该语言民族的政治世界图景的精神文化内核成为政治交际研究中的隐性因素，更值得进行深入分析。该方向着眼于政治交际的对话性，更注重语言之于政治交际的参与性与制约性，学者们多从政治作为语言存在、语言对政治的建构、话语权与霸权话语、语言战略与国家软实力、话语建设与国家安全、公共外交与国家形象等角度切入，[①] 寻求对政治交际理论与实践方面的指导，侧重政治的语言性研究。

总体上看，政治语言学语言学方向研究可以从政治话语的形式（句法层）、意义（语义层）、运用（语用层）三个层次上展开。形式面研究可以从修辞学、词汇—句法学、符号学、篇章语言学等角度进行考察，意义面研究可以从语义学（包括词汇语义学、句法语义学、篇章语义学）、隐喻学、认知语言学等角度加以考察，运用研究可以从语用学、社会语言学、话语分析理论、跨文化交际学等角度加以考察。政治语言学政治学方向可以从理论与实践两个方向上加以研究。理论研究可以从政治学、语言文化学、心理语言学、符号学、语言哲学等角

① 孙吉胜：《跨学科视域下的国际政治语言学：方向与议程》，载《外交评论》，2013 年第 1 期，第 12—29 页。

度对政治的语言性、政治交际中的语言建构、语言的政治性、政治交际中的语言意识、语言的政治世界图景以及决定政治交际的民族个性、民族心智、语言意识、政治交际中的语言游戏等问题进行研究，实践研究则可将政治话语作为政治交际活动的一部分做批评性话语分析，借以揭示政治交际中的交际战略与策略问题，为相关交际主体提供咨询与话语分析研究。这一取向强调政治话语分析与政治实践的结合，政治话语以政治活动过程面目出现，其自身作为政治系统的一个要素或变量，可以从政治话语结构与功能角度，结合文本与政治对话主体之间的相互作用，从政治话语产生的社会条件、组织结构、情境上下文等角度，深入分析政治话语的建构性效果。

应当指出，对政治语言学做上述区分，是为了厘清研究对象、任务、方向的理论要求和研究便利性。研究实践中，不排除语言学与政治学取向上的综合研究，这与政治交际实践的复杂性也是相适应的。

（五）政治语言学的研究方法

Чудинов 在《现代政治语言学》教材中给出的政治语言学研究方法，更像是语言与政治研究的不同方向与流派。他列举了基于不同研究方法的四个政治语言学研究流派：（1）政治语言学的修辞学分析；（2）政治语言学的认知分析；（3）政治语言学的话语分析，包括批评性话语分析和描写性话语分析方法；（4）政治语言学的综合性分析，运用文化学（语言文化学）、社会学（社会语言学）、对比语言学和类型语言学方法充实认知、话语或修辞分析，同时广泛运用神经语言学和心理语言学理论来丰富政治语言学的基本方法。

在我们看来，政治语言学研究的方法论体系，与政治语言学的理论基础相关。政治语言学建立在人类中心论（антропоцентризм）基础上，以语言世界观及语言世界图景作为理论基础，意味着政治语言学视野下的语言与政治研究具有以意义为核心的本体论性质，语言世界观和语言世界图景为基础的认识论性质和以对话性为基础的方法论性质。这样，我们就以对话性作为政治语言学研究的基本方法论。无论政治交际外显的对话主义，还是政治文本分析和政治话语的批评性话语分析，实质上都以对话性作为方法论核心。在具体的研究方法方面，政治语言学主要运用文本分析、概念分析、话语分析、内容分析、描写性话语分析、批评性话语分析、对比法，以及综合运用相关学科的研究方法。

研究表明，文本分析与概念分析有望作为政治语言学语言学方向的主要方法，而文本分析也是政治学理论研究的主要方法之一，在实践分析方向，描写性话语分析、批评性话语分析占据主要位置。

政治语言学的建立是传统语言与政治研究不断科学化、系统化的自然结果。应当承认，现阶段政治语言学研究流派与方法的多样化，反映了语言与政治研究摆脱了语言事实中政治因素的简单描写，转向政治文本形式与意义的多学科交叉与整合研究，形成了政治学和语言学两个既相互区别，有相互联系的研究取向，在此基础上形成了不同研究流派或学派。同时，也应看到，作为一门新兴学科，政治语言学在理论与方法上仍有待完善，特别是在不同的研究取向上，新的问题和研究领域的提出将有力推动政治语言学理论与方法的发展。

三、政治语言学在中国：领域与问题

我国的政治语言学研究尚处于起步阶段。田海龙[①]较早对西方语言与政治研究进行了初步综述，提出政治语言学的建立问题。孙吉胜[②]从国际关系的语言学转向入手，为国际关系研究引入语言学相关理论，总结回顾了国际关系中的语言研究问题，提出了国际政治语言学的理论与实践研究方向与议程。雷大川[③]从政治作为语言存在命题出发，较早提出了政治语言学的学科建构问题。王磊[④]、孙晓珍[⑤]等学者讨论了政治语言学的语言学及哲学基础问题。杨可[⑥]、卢婷婷将以 Чудинов 为代表的俄罗斯政治语言学引介入国内，杨可等翻译出版了 Чудинов 的《现代政治语言学》教材，引介了俄罗斯政治话语研究，[⑦]

---

① 田海龙：《政治语言研究：评述与思考》，载《外语教学》，2002 年第 1 期，第 23—29 页。

② 孙吉胜：《国际关系的语言转向与建构主义理论发展研究：以语言游戏为例》，载《外交评论》，2007 年第 1 期，第 37—45 页；孙吉胜：《国际关系理论中的语言研究：回顾与展望》，载《外交评论》，2009 年第 1 期，第 70—84 页；孙吉胜：《跨学科视域下的国际政治语言学：方向与议程》，载《外交评论》，2013 年第 1 期，第 12—29 页。

③ 雷大川：《政治：一种语言的存在——兼论政治语言学的建构》，载《文史哲》，2009 年第 2 期，第 162—168 页。

④ 王磊：《国际关系领域批评话语分析之语言学和哲学基础》，载《甘肃社会科学》，2011 年第 1 期，第 245—247 页。

⑤ 孙晓珍：《政治语言分析的哲学基础》，载《理论观察》，2009 年第 4 期，第 70—71 页。

⑥ 杨可：《俄罗斯政治交际研究：历史现状及发展前景》，柳·阿·维尔比茨卡娅、刘利民、叶·叶·尤尔科夫编：《时间与空间中的俄语和俄罗斯文学（第一卷）》，上海外语教育出版社 2011 年版；杨可：《俄罗斯现代政治语言学——一门新兴的交叉学科》，载《中国俄语教学》，2012 年第 1 期，第 7—10 页。

⑦ 杨可：《俄罗斯现代政治语言学——一门新兴的交叉学科》，载《中国俄语教学》，2012 年第 1 期，第 7—10 页；蒋春丽、杨可：《政治话语研究——俄语语言研究的新方向》，载《广东外语外贸大学学报》，2013 年第 6 期，第 10—13 页。

为国内俄语语言与政治研究开了个好头。政治语言学研究的实证研究方面，学者们主要讨论了“政治语言”的隐喻、政治语篇的批评性话语分析、政治语篇中隐喻的语用学、社会语言学分析、大众传媒中的多模态政治话语研究、中国大众传媒话语权研究等等。

根据我们掌握的资料，目前国内的政治话语或政治文本研究主要集中在语言学领域，政治学领域的研究主要集中在政治语言思想史、语言政治学方向，国际关系研究中的语言学研究也才刚刚开始。分析表明，政治语言学视域下的“语言的政治性”与“政治的语言性”问题已经成为学界的理论自觉。

政治语言学的中国化问题是摆在语言学界和国际关系学界的共同使命。应该开创有中国特色的政治语言学研究新方向。以下，我们从理论与实践两个层面入手，提出未来政治语言学研究新的领域与问题。

（一）政治语言学的理论建设

我们认为，我国的政治语言学理论建设可以从以下六个方面入手。

一是政治语言学作为语言学分支学科的理论与方法建构。结合中国语言与政治的现实状况，广泛借鉴西方及俄罗斯政治语言学研究理论与方法，实现政治语言学研究的中国化，建立中国政治语言学学科框架，建立政治语言学定量与定性研究相结合的互文—对话方法论体系。理论上，该框架应当包括政治语言学的理论基础、学科源流与发展、研究对象、任务、学科概念与术语体系、基本单位、基础理论与方法体系、中国政治语言学研究的主要问题、中国政治语言学的实证研究等。

二是国内与国际语言与政治研究的区分与联系。在政治语言学框架内划分国内语言与政治研究和国际语言与政治研究方向，分别探讨国内、国际语言与政治研究的领域与问题、区别与联系。需要指出的是，无论国内或国际语言与政治研究，都以政治文本、政治话语为基本单位，区别在于不同的政治交际情境、运作方式、目的、效果，政治话语的不同主题、体裁和语言运用规律；联系在于国内政治交际及其话语与国际政治交际及其话语的相互依存、相互影响、相互转换、互为支撑的复杂关联和内在逻辑，揭示这种关联与逻辑是政治语言学的题中之义。

三是以中国语言、政治现实为背景的国际语言与政治对比研究。建立以中国语言/政治为背景的双边、多边语言与政治对比研究的理论模式与对比研究的方法体系，在对比研究中求同存异，加强理解，为国际政治交际实践提供理论支持。

四是以语言世界观及语言世界图景理论为基础的语言—政治民族个性研究、民族心智研究、语言意识研究，探讨政治交际背后的社会文化心理、世界观、思维方式等民族精神方面的决定因素，并进行描写基础上的解释性研究。例如俄罗斯多神信仰与东正教、村社主义与极性化、弥赛亚精神、欧亚主义精神文化背景下的政治交际策略与政治话语行为之间的内在关联，政治话语中的语言意识与民族心智等。

五是跨文化交际视野下的国际语言与政治问题研究。借鉴跨文化交际理论与方法，进行国际政治交际中的语言问题研究。某种程度上，国际政治交际是一种借助语言/非语言手段进行的跨文化交际活动。目前，从跨文化交际角度，从理论与实践两个方面进行的政治交际及其政治话语、政治文本研究还不多见。政治语言学的跨文化交际视角有望为国际政治中的语言问题及语言的国际政治问题开辟新的研究领域，提供新的问题角度。

六是国际政治中的语言战略与策略研究。从国家利益与国家安全高度，重视国际政治中的语言战略与策略问题。加强国家安全（传统安全与非传统安全）视域下的国家语言战略研究、国际政治话语的理论研究、话语权与霸权话语研究、公共外交的国际政治话语策略研究、国家形象中的语言策略研究、国际政治交际中的语言运用战略与策略研究等等。上述问题均是目前政治语言学学科建设中的薄弱环节，需要学界同仁共同努力。

我们从以上六个方面提出政治语言学理论建设的主要问题领域供学界同仁批评讨论，这并不排斥其他相关语言与政治问题新领域、新问题的提出，我们期待着更多学者加入政治语言学研究，早日完善其学科理论建设，建立并推动中国政治语言学的早日建立并发展壮大。

（二）政治语言学的实践研究

相比政治语言学的理论建设，其实践研究更为活跃。未来政治语言学实践研究可望在以下五个方面寻求突破：

一是典型政治文本与政治话语的批评性话语分析。此前的批评性话语分析多集中在大众传媒中的政治话语或政治领袖的政治文本。未来，政治话语的批评性话语分析可以按照政治领袖、政治交际主题语境、重要政治文件（政治、经济、外交白皮书、蓝皮书、黄皮书等）等领域进行系列研究，就上述典型政治文本与政治话语做中外对比研究，揭示大众传媒在意识形态操控中的规律与作用，研究政治话语议题设置、塑造政治世界图景、政治评价、左右舆论、以言行事等功能性特征。

二是对政治文本及政治话语进行以文本深层语义为对象的文本分析、概念分析、关键词分析。揭示政治文本表层概念之下的深层语义构成，通过对某一主题下的单一文本及其互文本的对话性描写与解释，形成研究报告，提供政策或策略咨询。例如，普京克里米亚演讲文本分析中的历史、文化、民族、语言、宗教视角，其话语策略与俄罗斯外交政策的源流、现实、未来发展及对中国的影响等。

三是政治文本及政治话语的符号学分析。从符号学角度，政治文本及政治话语战略与策略集中在能指面研究。某种程度上来说，现代政治话语已经从关心“说什么”（所指）转向研究“怎么说”（能指）。政治话语的语言游戏色彩日益增强，“能指”优势不断加强，话语权与霸权话语重点不再是对彼岸“所指”的控制，而是对此岸“能指”的争夺。从符号学入手，有望为政治文本与政治话语分析打开新的研究领域。

四是服务国家战略的政治语言学研究。与其他语言学边缘学科、交叉学科一样，政治语言学具有鲜明的理论与实践相结合特色。在服务国家战略，维护国家安全等战略意义方面，政治语言学研究的现实性、实践性、前瞻性特征必将进一步得到突显，有望在智库文本分析、公共外交话语策略分析、大国外交话语策略研究、中华语言文化“走出去”战略的政治话语研究、上海合作组织政治话语研究等方面，为国家有关部门提供情报分析服务，承担咨询服务职能，提交策略性分析报告。

五是政治语言学教学法研究。目前，仅就我们掌握的资料，还没有人就政治语言学的教学法领域做专题研究。作为一门实践性很强的语言学分支学科，政治语言学的教学法方向应当成为学科建构的一部分，服务课堂教学、教材建设以及人才培养模式创新。我国国际政治语言学方向的博士生培养首先在外交学院展开，2014 年依托服务国家特殊需求博士人才培养项目，大连外国语大学东北亚外交外事高端人才培养项目招收了首批博士研究生。如何将国际政治语言学研究与实践型的高端外交外事人才培养相结合，是摆在学界面前的共同课题，值得深入研究。该方向研究可望在国际政治语言学方向人才培养模式创新、课程体系的建立、教学论的形成、教材建设的跟进、师资队伍的培养等诸多方面为政治语言学实践研究提供新的论域、理论与方法。

四、结语

分析表明，政治语言学的诞生有着鲜明的时代特色，与当下国内国际政治、经济、社会及文化不断发展变化的大趋势息息相关，带有强烈的现实意识、问题意识、方法意识和服务面向上的实践意识和功能意识。政治语言学在我国还处于建立发展的初起阶段，需要外国语言文学、政治学、国际政治与国际关系、文化学、社会学、心理学、人类学、符号学等人文社会学科共同参与，整合各学科语言与政治研究的有益理论与方法，为建立中国政治语言学这一目标共同努力。我们相信，随着更多学界同仁加入语言与政治研究，中国政治语言学的美好明天一定会早日到来。

俄罗斯境外的俄语政治语言研究现状、特点、发展趋势及前景* **

本研究所指的俄罗斯境外，主要指北美和欧洲、俄罗斯以外的其他俄语国家以及东欧国家。北美和欧洲的俄语政治语言研究大致经历了五个发展阶段。1918 年至第二次世界大战末期为第一阶段。此时的欧洲政治语言研究主要运用普通语言学的研究方法和手段，而美国的政治语言研究主要是在一般交际理论、社会学理论和政治学理论框架下开展的一些认知研究。第二阶段是冷战时期，这一时期是世界意识形态对立最为尖锐的时期。在这一阶段北美和欧洲的俄语政治语言研究运用了当时最现代的科学方法：定量分析、文本的修辞分析、统计调查等。第三阶段与苏美、华沙公约国和北约各国之间关系“缓和”的时间相吻合。这一时期北美和欧洲俄语政治语言研究领域的研究方法和手段得到更新和丰富，话语批评分析、认知研究、心理语言实验、心理分析、话语方法等被广泛运用。第四阶段是苏维埃体制变革和解体时期。此时的俄语政治语言研究进入了一个新的阶段。人们开始研究政治话语中的概念隐喻，

---

* 本文为广东省普通高校人文社会科学研究专项资金项目“俄语政治语言研究：现状、特点、发展趋势及前景”（编号：2013WYXM0038）成果之一。

** 作者：杨可，广东外语外贸大学西方语言文化学院院长，教授；丘季诺夫 A. П，俄罗斯乌拉尔国立师范大学副校长，教授。

不断讨论新名词运用的特点，积极研究政治领袖，特别是戈尔巴乔夫的个人风格特点。这一时期对比研究成为可能，出现了大量的相关成果。第五阶段指俄语政治语言的当代研究，即1991年苏联解体后的俄语政治语言研究。本文试图借助梳理俄罗斯境外俄语政治语言当代研究的主要内容、研究方法、研究者的构成等来展现俄罗斯境外俄语政治语言研究的现状、特点和发展趋势，并在此基础上展望其前景。

一、俄罗斯境外俄语政治语言当代研究的主要内容

苏联解体后俄罗斯社会的变化在何种程度上导致其政治话语的变化？过去的东西保留了什么？俄罗斯政治交际今后发展的前景如何？乃至俄罗斯政治体制发展的整体前景如何？俄罗斯政治交际和国外政治交际发展规律有何共性和差异？这一连串的问题都迫切需要找到答案。寻找对这些问题的答案便构成了当代俄语政治语言研究的主要内容。可见俄罗斯境外俄语政治语言当代研究的内容非常广泛，具体大致包括以下几方面。

（一）俄罗斯境外俄语政治语言当代研究之转型期俄语研究

苏联解体后，俄罗斯政治交际逐渐吸引着西方学者的注意。对当代俄罗斯政治语言的整体研究，对转型期俄语特点的观察、描述和评价成为西方学者关注的重点。代表性成果有英

国语言学家约翰·邓恩的《俄语从苏联类型向西方类型的转换》[①]。邓恩认为，这种转换最重要的方向是去苏联化、西化和修辞（文体）自由化；斯洛伐克语言学家约瑟夫·西普科的专著《寻找真正的意义》[②] 也是这一类型研究的代表之作。该作者力图通过丰富多样的材料展现俄罗斯当代社会十分典型的自由化、民主化、观点的多元化和竞争等现象是如何“反映在语言体系中，反映在语言的文化背景中的，且详细分析了‘当代俄罗斯大众传媒的民俗文化特征’，力图研究报刊政论文中词的用法”[③]；祖巴托夫的研究《转型期的俄罗斯：改革以来的俄语（80 年代的斯拉夫出版物）》[④] 描述了苏联解体后交际行为定型的变化；贝克尔的研究《20 世纪俄罗斯政治词汇的语义变化》[⑤]；贝林和唐宁的俄罗斯大众传媒语言研究《20 世纪 90 年代俄罗斯媒体》[⑥]、《俄罗斯从专制转型的媒体理论问题》[⑦] 等都在不同程度上对转型期的俄语政治语言进行了探讨。

俄罗斯社会转型时期非标准语词汇的扩张，包括这些词汇在政治交际领域的广泛使用现象也成为这一阶段研究的重点。邓恩的研究《什么是“政治技术性辱骂语”？它从何而来?》

---

① Dunn J. The Transformation of Russian from a Language of the Soviet Type to a Language of the Western Type//Language and Society in Post – Communist Europe：Selected Papers from the Fifth World Congress of Central and East European Studies，Warsaw，1995.

② Сипко Й. В поисках истинного смысла – Hl'adanie ozajstného zmyslu – Preov，2008.

③ Ibid.

④ Zybatow L. Russisch im Wandel：Die russische Sprache seit der Perestrojka（Slavistische Veröffentlichungen 80）. – Wiesbaden，1995.

⑤ Becker J. – M. Semantische Variabilität der russischen politischen Lexik im zwanzigsten Jahrhundert. – Munich，2001.

⑥ Belin L. The Russian Media in the 1990s//Journal of Communist Studies and Transition Policies. – 2002. – Vol. 18. – № 1.

⑦ Downing J. Issues for media theory in Russia's transition from dictatorship//Media Development. – 2002. – Vol. 1.

探讨了诸如俄罗斯“政治技术性辱骂语”的问题[1]；拉利莎·梁赞诺娃—克拉尔的论文《俄罗斯政治话语中的犯罪修辞》[2]详细研究了20世纪末至21世纪初俄罗斯政治话语中犯罪隐喻的活跃化过程。

西方学术界对具体政治领袖言语行为特点的传统兴趣导致这一时期有关俄罗斯政治领袖，特别是戈尔巴乔夫、叶利钦和普京言语实践研究大量成果的出现：德卢卡在其研究《政治、外交与媒体：戈尔巴乔夫的传统在西方》[3] 中观察了戈尔巴乔夫的言辞变化如何影响苏联的国内政治局势以及苏联与其他世界的相互关系；美国学者戈勒姆的《普京的演说体裁2005年12月27—30日在AATSEEL会议上发表的文本》[4] 分析了普京2000—2005年间访谈和记者招待会的文本，指出普京话语的有效性建立在善于运用五种自我形象上，即政治专家、强人、实施者、男子汉和爱国者。俄罗斯普京执政时期政治话语的整体特征在一些更广泛的研究中得到探索。属于该类型的研究还可以列举弗朗切曼的《普京总统领导下的俄罗斯联邦：话语—现实》[5]、霍考夫的《弗拉基米尔·符·普京的经济隐喻》[6] 等。苏联解体后，政治交际体裁和修辞储备库不断扩展和更新。不

---

① Данн Дж. Что такое “политтехнологическая феня” и откуда она взялась? // Будаев Э. В., Чудинов А. П. Современная политическая лингвистика. – Екатеринбург, 2006.

② Ryazanova – Clarke L. Criminal Rhetoric in Russian Rolitical Discourse//Language Design. – 2004. – Vol. 6.

③ DeLuca A. R. Politics, Diplomacy, and the Media: Gorbachev's Legacy in the West. Westport; London: Praeger Publishers, 1998.

④ Gorham M. The Speech Genres of Vladimir Putin. Paper presented at AATSEEL Conference, 27 – 30 December 2005, Washington, D. C.

⑤ Fruchtmann J. Der russische Föderalismus unter Präsident Putin: Diskurse – Realitaten. – Bremen, 2003.

⑥ Hockauf E. Wladimir W. Putins Wirtschaftsmetaphorik. – Bremen, 2002.

少学者的研究涉及政治语言的不同体裁，包括政治领袖的演讲实践、政治语言的媒体形式、党和国家文件、传单和口号等。

（二）俄罗斯境外俄语政治语言当代研究之苏联政治语言研究

苏联解体后俄罗斯社会新的历史条件使人们可以用不一样的方式看待和研究苏联的言语交际，更充分地描写其不同表现。因此苏联政治言语交际成为了俄罗斯境外俄语政治语言当代研究的一个重要研究对象。例如，戈勒姆的一系列研究成果探讨了苏维埃俄罗斯时期的各种语言现象："从个人魅力到黑话：苏维埃俄罗斯早期的公共演讲模式"①，"张口结舌的作家：苏维埃俄罗斯早期的拉普运动与'新知识分子'之声"②，"向新写作公民的转向：科斯佳·廖普采夫日记中的苏联国家语言"③，"对倒行逆施的操纵：苏联早期的国家建设和语言'净化'"④ 等，而彼得·切尔维尼斯基的研究"苏联现实语言中表示人的否定评价范畴的语义"⑤ 则详尽地研究了苏联现实语言中表示（指）人的负面评价范畴的语义。

瑞士学者丹尼尔·魏斯领导的苏联和东欧国家政治话语研

---

① Gorham M. From Charisma to Cant: Models of Public Speaking in Early Soviet Russia// Canadian Slavonic Papers. –1996a. – Vol. 38. – № 3 –4.

② Gorham M. Tongue – tied Writers: The Rabsel 'kor Movement and the Voice of the' New Intelligentsia 'in Early Soviet Russia//Russian Review. 1996b. Vol. 55 (3) .

③ Gorham M. Coming to Terms with the New Writing Citizen: Soviet Language of State in The Diary of Kostia Riabtsev//East/West Education. –1997. – Vol. 18 (1) .

④ Gorham M. Mastering the Perverse: State – building and Language 'Purification' in Early Soviet Russia//Slavic Review. 2000a. Vol. 58 (1) .

⑤ Червиньски П. Семантика негативно – оценочных категорий при обозначении лиц в языке советской действительности. Статья 1//Политическая лингвистика –2008а. – № 3 (23) .

究小组开展了苏联政治话语方面的大型研究。他善于依靠丰富多样的言语材料，详尽且多方面的论证，对比不同话语，在似乎相近的趋势中发现本质的区别。苏联所有时期的政治交际实践在《苏联口头宣传历史概述》[①]、《斯大林时期的宣传话语（以苏联和波兰为例）》[②]、《民间传说的滥用？"苏维埃民间传说"的宣传性分类》[③]、《苏维埃体制中的个人风格？斯大林与赫鲁晓夫之比较》[④]、《作为历史现象的新语》[⑤] 等一系列成果中得到分析。魏斯的研究中关于苏联媒体中的动物隐喻研究占有重要的位置：《苏联宣传中的动物》、[⑥]《寄生虫、腐肉、垃圾。苏联宣传中的敌人形象》[⑦] 等研究表明，用动物表示敌人的形象在斯大林和赫鲁晓夫时期特别典型，而后来其作用明显减弱。

瑞士学者帕特里克·塞里奥的研究《语言、民族纯洁。勃列日涅夫时期的俄罗斯关于语言的话语》[⑧] 对苏联隐喻及其与

---

① Червиньски П. Семантика негативно – оценочных категорий при обозначении лиц в языке советской действительности. Статья 2//Политическая лингвистика – 2008б – №1 (24).

② Weiss D. Prolegomena zur Geschichte der verbalen Propaganda in der Sowjetunion//Slavistische Linguistik 1994. Referate des 20. Konstanzer Slavistischen Arbeitstreffens/D. Weiss (ed.). München, 1995.

③ Weiss D. Die Entstalinisierung des propagandistischen Diskurses (am Beispiel der Sowjetunion und Polens) //Schweizer. Beiträge zum XII. Internationalen Slavisten – Kongress 1998 in Krakau/Locher, J. P. (ed.). – Frankfurt/Bern, 1998.

④ Weiss D. Personalstile im Sowjetsystem? Stalin und Chrušev im Vergleich//Wege der Kommunikation in der Geschichte Osteuropas. Festschrift für C. Goehrke/ (Hrsg.) N. Boskovska, P. Collmer, S. Gilly u. a. – Bern/Frankfurt, 2002.

⑤ Вайс Д. Новояз как историческое явление//Соцреалистический канон/ред. Х. Гюнтер, Е. Добренко. – Санкт – Петербург, 2000.

⑥ Вайс Д. Животные в советской пропаганде//Политическая лингвистика. – 2008а. – № 2 (25).

⑦ Вайс Д. Паразиты, падаль, мусор. Образ врага в советской пропаганде// Политическая лингвистика. – 2008б. – № 1 (24).

⑧ Sériot P. La langue, corps pur de la nation. Le discours sur la langue dans la Russie brejnévienne//Les Temps Modernes. – 1992. – № 550.

勃列日涅夫时期非常典型的一系列亲戚隐喻的联系进行了观察。他指出“老大哥”、“兄弟民族”、“兄弟共和国”，兄弟般的语言这些隐喻已有机地融入到勃列日涅夫时代的概念隐喻总体系统中。该学者还明确否定在苏联存在两种独立的语言——日常语言和苏联官方语言这一极端的观点。

匈牙利学者谢尔盖托特一系列关于苏联集权主义语言的成果分析了苏联“新语”的词汇—语法，特别是复合缩写词和缩略语的特点：《苏联集权体制中的语言现象》①、《苏联帝国语言中的缩略语》②、《苏联帝国的语言或极权主义语法》③、《语言与社会 社会与语言的变化》④、《语言层级结构相关问题研究》⑤；克罗地亚学者别特科维奇的《苏联媒体中政治宣传的发展：以1921—1938年的〈真理报〉为例》对《真理报》上的文章，对苏联宣传语言的进化（进程）进行了探讨⑥。

尽管在当代俄罗斯，对列宁的语言和风格的研究兴趣已经冷却，但仍有该领域的研究成果出版，如哈本斯密特关于列宁言语的专著《文本与行为表达：以符·伊·列宁的政治演讲为分析模型》⑦。

---

① Тот С. Языковые явления в советской тоталитарной системе//Сборник статей по русистике/Budai Julia, Jager Ilona（szerk.）. – Вып. 1. – Szeged, 1998.

② Tóth S. Abreviaturák a Szovjet birodalmi nyelvben//I. Alkalmazott Nyelvészeti Konferencia. Nyíregyháza. 1991a. május 3 – 4. II.

③ Tóth S. A szovjet birodalmi nyelv, avagy a totalitarizmus grammatikája//AETAS. 1991b. № 1.

④ Tóth S. Nyelv és társadalom. Társadalmi és nyelvi változások//Pápuáktól a Pionerig. Szeged, 1994.

⑤ Tóth S. A nyelv függöleges tagozódásával összefüggö kérdések kutatása 1. //Nyelv, aspektus, irodalom/Szerk. Györke Zoltán. – Szeged, 2000.

⑥ Petkovi N. Zur Entwicklung der politischen Propagandasprache in der sowjetischen Presse：Die Leitartikel der “Pravda” 1921 – 1938. – Wien, 2000.

⑦ Hubenschmid M. Text und Handlungsrepräsentation：Ein Analysemodell politischer Rede am Beispiel V. I. Lenins. – München：Sagner, 1998.

俄罗斯境外的学者研究了苏联政治交际的各个方面，试图对苏联的（更广的一点是对"极权的"）政治交际给出一般性的描述，划分出政治语言学的一段范畴，形成该学科的理论基础，描述其概念框架和术语体系。国家历史发展中的每一个新的转变都导致语言的变化，都建立起包括了概念隐喻和象征的词汇—成语库，词汇修辞和成语中的变化是最明显、最能及时地反映社会变化的，因此即便是在俄语政治语言的当代研究中，对苏联时期俄语词汇和成语的兴趣仍然非常明显。

（三）俄罗斯境外俄语政治语言当代研究之对比研究——苏联解体后的政治语言与苏联政治语言的对比

对苏联时期的政治语言和苏联解体后的政治语言进行对比构成了俄罗斯境外俄语政治语言当代研究的又一个重点。学者们力图跟踪苏联"新语"转变为民主社会语言的规律。沃尔夫冈·彼得森的研究颇具代表性，他的《语言变化的认知方面以1985 年以来的俄罗斯政治语篇为例》① 运用语言学研究的新方法——认知语言学启发式方法分析苏联—俄罗斯 1985—1995 年间政治话语的语义转变问题；拉利莎·梁赞诺娃—克拉尔和特伦斯·韦德在其专著《今日俄语》② 中，祖巴托夫在其主编的两卷本集体专著《斯纳维亚的变化：21 世纪之交的斯拉夫语》③ 中对俄罗斯政治语言发展的苏联解体后阶段与其苏联阶

---

① Peters W. Kognitive Aspekte des Sprachwandels im Russischen seit 1985 am Beispiel des politischen Diskurses//Modelle der Translation/A. Gil u. a. – Frankfurt am Main，1999.

② Ryazanova – Clarke L.，Wade T. The Russian Language Today. – London，1999.

③ Sprachwandel in der Slavia：Die slavischen Sprachen an der Schwelle zum 21. Jahrhundert/Hrsg. L. Zybatow. – 2 vols. – Frankfurt am Main，2000.

段的相互关系给予极大的关注。

值得一提的还有理查德·安德森针对极权的苏联和民主的俄罗斯话语的多方面比较研究。该学者在《俄罗斯民主政治的话语起源》[①] 一文中阐述民主化话语理论时指出，社会中民主改革源头应该在话语创新中寻找，而不是在社会或经济条件中寻找。安德森的研究《专制与民主的隐喻：俄罗斯政治词汇与俄罗斯政治转型中的变化》[②] 以苏联政治局委员1966—1985年的政治讲话、政治局委员在最初的全名选举中的讲话（1989年）和不同政治取向的著名政治家1991—1993年的语篇为材料对苏联—俄罗斯政治隐喻进行了对比分析。他认为，隐喻发出政治变化开始的信号，甚至促进这些变化，并指出，苏联和俄罗斯的民主化特点之一是政治言语和口语的接近。

安德森、魏斯、塞里奥等对斯大林、赫鲁晓夫、勃列日涅夫、戈尔巴乔夫、叶利钦、普京等政治领袖个人语言的研究表明，苏联解体后政治家的言语肖像变得更容易辨认，更加体现个性。同时可以看到，即便在苏联时期，高层领导的言语实践也是高度个性化的，因此显示出非常自由的特点。

比较苏联发展不同时期的政治话语和苏联解体后的俄罗斯政治话语使人们能够明确地了解所研究的政治交际发展每一时

① Anderson R. D. The Discursive Origins of Russian Democratic Politics//Postcommunism and the Theory of Democracy. – Princeton：Princeton University Press，2001a.

② Anderson R. D. Metaphors of Dictatorship and Democracy：Change in the Russian Political Lexicon and the Transformation of Russian Politics//Slavic Review. – 2001b. – Vol. 60. – № 2. Anderson R. D. The Causal Power of Metaphor：Cueing Democratic Identities in Russia and Beyond//Metaphorical World Politics：Rhetorics of Democracy，War and Globalization. – East Lansing：Michigan State University，2005.

期的特征，同时找出政治交际的普遍规律。

（四）俄罗斯境外俄语政治语言当代研究之比较研究——俄罗斯政治交际与其他国家政治交际的对比

俄罗斯政治交际的主要特点在与其他国家政治交际的对比中变得更加清晰和明显。齐尔顿的专著《安全话语：从封闭到共同家园的冷战话语》[①]，以及该作者与伊雷因的合作研究《政治话语中的隐喻：以"欧洲共同家园"为例》（个案分析）[②] 探讨了理解"欧洲共同家园"这一隐喻式术语在不同国家的特点，指出戈尔巴乔夫的"欧洲共同家园"与西方领导人的"欧洲共同家园"有根本性的区别；博洛托娃和琴肯在文章《俄罗斯与德国的欧洲：俄罗斯与德国媒体中文化认识的世界结构研究》[③] 中比较了俄罗斯和德国媒体中的欧洲形象。两位学者发现，苏联的房子更像是多层的公共住房，而非主人引以自豪、对之要承担全部责任的独立式住宅，非私有财产。研究者们指出，戈尔巴乔夫假设性推断苏联进入具有充分权力的"欧洲共同家园"的居民行列，这一家园是所有居住者的共同财产。然而，一些西方的政治家们视苏联为"异己"，视其为住在"铁幕下的"危险的邻居，而非具有充分权力的住户和合住者。德国研究者克里斯蒂娜和西尔维亚对苏联、英

---

① Chilton P. Security Metaphors: Cold War Discourse from Containment to Common House. – New York: Peter Lang, 1996.

② Chilton P., Ilyin M. Metaphor in Political Discourse: the Case of the' Common European House' //Discourse and society. – 1993. – Vol. 4 (1).

③ Болотова Е., Цинкен Й. Русская и немецкая Европа: исследование структуры миров культурных представлений в русской и немецкой прессе//Язык массовой информации как объект междисциплинарного исследования. – М., 2001.

国和美国政治话语中运用隐喻“欧洲——我们共同的家园”/“欧洲家园”规律的比较[①]再一次发现苏联和英语政治话语的本质区别。

过渡时期苏联—俄罗斯政治话语与其他发生了相似政治过程的国家政治交际的对比研究具有特别的意义：克洛奇科的《现代斯拉夫集体意识中的民族中心主义神话因素》[②]、唐宁的《国际化媒介理论：转型、权力、文化俄罗斯、波兰和匈牙利1980—1995年媒体上的反思》[③]、琼斯的《新闻转型：尼加拉瓜、南非、约旦与俄罗斯的比较研究》[④] 等研究表明，俄罗斯当代政治交际越来越不像苏联的“新语”，其优秀的样本一方面遵循着世界的趋势，另一方面又保留了传统的特点，同时在其中还能观察到一些负面的趋势，比如偏激有余，宽容不够等。斯托扬诺娃的论文《政治话语中的戏剧隐喻（以俄罗斯和保加利亚大众传媒为例）》[⑤] 展现了21世纪俄罗斯和保加利亚政治话语中相似的戏剧隐喻的特点。对比研究的多样化不仅帮助人们更好地了解共同的规律，而且更好地了解苏联政治话语的区别性特征。

---

① Schäffner Ch.，Trommer S. Zum Konzept des ‘gemeinsamen Hauses’ im Russischen und Englischen//Gibt es eine prototypische Wortschatzbeschreibung? Eine Problemdiskussion/Hrsg. von Ch. （Christina） Schäffner. – Berlin：Akademie der Wissenschaften der DDR，1990.

② Клочко Н. Н. Этноцентрические мифологемы в современном славянском коллекти вном сознании//Политическая лингвистика. Екатеринбург. – 2006. – № 3 （20）.

③ Downing J. Internationalizing Media Theory. Transition，Power，Culture. Reflections on Media in Russia，Poland and Hungary 1980 – 95. – London：Sage Publications，1996.

④ Jones A. The Press in Transition：A Comparative Study of Nicaragua，South Africa，Jordan，and Russia. – Hamburg：Deutsches ? bersee – Institut，2002.

⑤ Стоянова Е. Театральная метафора в политическом дискурсе（на материале языка российских и болгарских масс – медиа）//Аспекты контрастивного описания русского и болгарского языков. – Шумен，2006.

（五）俄罗斯境外俄语政治语言当代研究之苏联各加盟共和国的俄语政治语言研究

波罗的海沿岸各国、乌克兰和白俄罗斯等国的言语交际研究成果构成了俄语政治语言当代研究的一个特殊组成部分。苏联解体后，苏联各加盟共和国的政治交际具有大量的普遍规律。比如，扎夫拉日娜的副博士论文《乌克兰传媒政治话语中的言语攻击及其表现形式（以俄文报纸交际为例）》[①] 表明，乌克兰俄语政治话语中的言语攻击手段与当代俄罗斯政治交际中使用的几乎完全一致。类似的研究整体上既可以使人们更好地了解苏联各加盟国政治交际的共同规律和特点，又能够使人们更准确地区分苏联和苏联解体后各加盟国政治交际的特点。

立陶宛语言学家埃利诺拉·拉撒在其专著《苏联的权利及不同政见者话语：认知—修辞分析》[②] 中详细分析了共产主义精英代表和持不同政见者之间政治交际的区别。来自苏联其他加盟共和国的专家，如杜里琴科的《二十世纪末的俄语》[③]，前文提到的克洛奇科的《现代斯拉夫集体意识中的民族中心神话因素》[④]，以及该作者的《现代各民族话语中的欧洲形象》[⑤]，乌赫万诺娃—什梅戈娃等人的研究成果《作为必然前景的后现

---

① Завражина А. В. Речевая агрессия и средства ее выражения в массмедийном политическом дискурсе Украины（на материале русскоязычной газетной коммуникации）: Автореф. дис. канд. филол. наук. Киев，2008.

② Лассан Э. Дискурс власти и инакомыслия в СССР：когнитивно－риторический анализ. Вильнюс，1995.

③ Дуличенко А. Д. Русский язык конца II тысячелетия. －Мюнхен，1995.

④ Клочко Н. Н. Этноцентрические мифологемы в совеременном славянском коллективном сознании // Политическая лингвистика. － Вып. 20. -Екатеринбург，2006. -С 126－134.

⑤ Клочко Н. Н. Образы Европы в современных национальных дискурсах//Будаев Э. В.，Чудинов А. П. Современная политическая лингвистика. －Екатеринбург，2006.

代模式》[1] 也值得关注。

苏联政治交际在俄罗斯的发展与其他后苏联国家相似过程的比较有助于弄清政治话语发展平行过程中的普遍特征和特殊规律。

二、俄罗斯境外俄语政治语言当代研究的主要特点

前文从五个方面展现了俄罗斯境外俄语政治语言当代研究内容的丰富性。接下来将简述其另外两个特点——研究方法的多样性和研究群体构成的多样性。

（一）研究方法的多样性

俄罗斯境外的俄语政治语言当代研究在研究方法上保持了俄语政治语言研究各发展历史阶段的一贯传统，即未开发出自己独有的方法，而是积极而广泛地运用语言学、哲学、政治学、心理学、社会学、交际语言学等各基础学科的方法和手段，例如，安德森的心理语言学研究[2]、祖巴托夫的语用学研究[3]、彼得森的认知语言学分析[4]，以及前文提到的不少学者运用对比的方法开展的多项研究。应该说，每一种研究方法都有其优势和

---

① Ухванова - Шмыгова И. Ф. Постмодернистская модель как альтернативная перспектива//Методология исследований политического дискурса：Актуальные проблемы содержательного анализа общественно - политических текстов. Вып. 2. Под ред. И. Ф. Ухвановой - Шмыговой. Минск，2000.

② Anderson R. D. Speech and Democracy in Russia：Responses to Political Texts in Three Russian Cities//British Journal of Political Science. -1997. -Vol. 27.

③ Zybatow L. Russisch im Wandel：Die russische Sprache seit der Perestrojka（Slavistische Veröffentlichungen 80）. -Wiesbaden，1995.

④ Peters W. Kognitive Aspekte des Sprachwandels im Russischen seit 1985 am Beispiel des politischen Diskurses//Modelle der Translation/A. Gil u. a. -Frankfurt am Main，1999.

特点，能够使人们发现一些未引起运用其他科学方法的研究者注意的事实和规律，不少的研究成果综合地运用了政治交际研究的批评性、规范性和描述性方法和手段。研究方法的多样性无疑有助于更全面地观察和认识所研究的对象，更深刻地了解其本质。

（二）研究群体构成的多样性

俄罗斯境外俄语政治语言当代研究成果的取得得益于传统上的北美和欧洲学者及苏联各加盟共和国和东欧各国学者的共同努力。这些研究者的政治倾向、对苏联和俄罗斯的态度各不相同，其中大部分持客观、中立态度；也有的热爱苏联、俄罗斯，对其抱有明显的好感；还有憎恨苏联、俄罗斯，对其怀有偏见和敌意的。研究者的个人倾向在一定程度上影响着其研究的客观性。整体上，优秀的学者们竭力追求研究的客观性，但个别研究者无法看到苏联话语和当代俄罗斯话语之间的区别。在他们的研究中俄罗斯只不过是转型了的“邪恶帝国”的一部分，其研究成果的科学性值得怀疑。在研究苏联解体后的政治交际时不少国外学者无法摆脱冷战时期形成的定型，一些西方学者从政治交际的单极模式出发，认为自由的俄罗斯的政治话语应该完全符合西方的模式，这些现象的存在也都是不争的事实。应该承认，东欧各国研究者往往比其西方的同行们更准确地捕捉到过去共产主义话语中那些难以觉察的过程和痕迹，发现那些只有非常了解相关材料的专家才可能洞察到的一些细微规律，苏联各加盟共和国的学者不少曾经在俄罗斯学习，在俄罗斯高校获得学位，其学术研究深受苏联语言学的影响，与西方学者相比，其优势在于，他们“从骨子里”了解苏联政治交际，因此能更好地了解隐藏的机制和效果的真实程度。

三、结语

属于俄罗斯境外俄语政治语言当代研究的相关成果有数百篇（部）之多，本文仅分析了其中一些具有代表性的研究成果，并尝试以此为基础描述其主要特点和趋势，预测其研究前景。整体上，苏联解体后俄罗斯境外的学者们对俄语政治语言的兴趣并未减弱，而是增强了。新的社会条件使俄罗斯境外俄语政治语言研究的内容明显扩大，其研究形式也得到丰富，比如出现了苏联解体前不可能出现的俄罗斯和西方学者的一些合作研究，如集体专著《表变革时期的俄语：1985—1995》[①]、《政治话语》[②]、《极权主义语言》[③] 等。目前俄罗斯境外的俄语政治语言研究成果非常丰富，相关研究也在继续展开和扩大，政治语言及其相关概念本身的复杂性，以及由此导致的其研究的复杂性，加之与社会生活的紧密联系等诸多因素一方面决定了该领域未来将具有广阔的发展前景，另一方面也决定了其未来发展的艰巨性。划分政治交际的普遍规律，区分极权话语的特色和苏联政治交际的特点等问题仍然具有现实意义，现代政治语言与极权时期语言的对比和苏联解体后俄罗斯政治话语的历史发展研究也十分迫切，因此有理由期待俄罗斯境外俄语政治语言研究崭新阶段的到来。

---

① Русский язык в переломное время：1985 – 1995. /Ред. Х. Шпрауль. – Мюнхен，1996.

② Political Discourse in Transition in Europe 1989 – 1991/Ed. by P. Chilton，M. V. Ilyin，J. L. Mey. – Amsterdam；Philadelphia，PA：John Benjamins Pub，1998.

③ Totalitäre Sprache – langue de bois – language of dictatorship/R. Wodak，F. P. Kirsch（Hrsg.）. – Wien，1995.

作为政治话语的俄罗斯总统国情咨文研究概述*

语言与政治有着密切的联系，语言在政治领域中发挥着极为重要的作用。语言不仅可以描述和解释政治现象，而且还具有实施政治行为、建构政治权力的功能。苏联解体以后，俄罗斯社会发生了巨大的变化，这些社会变化在很大程度上主要通过各种政治语篇被反映和传达出来。随着俄罗斯国家意识形态的变化，政治话语逐渐引起俄罗斯语言学界的关注，相关的理论探讨和实证研究正全面展开，并已取得了显著的成绩，政治话语研究成为一个具有广阔发展前景的俄语语言研究新方向。

俄罗斯总统国情咨文是总统在议会两院会议上所做的年度报告，阐述国家每年面临的国内外形势，分析国家的主要对内、对外政策以及总统对议会立法工作的建议等。作为俄罗斯政府向国内外各界人士传播社会发展以及信息变化的重要手段，其总统国情咨文得到了世界各国的广泛关注。然而，中国国内仅有冯绍雷、刘再起、庞大鹏等学者从国际政治、

* 作者：费俊慧，广东外语外贸大学西方语言文化学院在读博士研究生，讲师。

国际关系、外交学的角度对俄罗斯总统国情咨文的内容和功能进行了研究，总统国情咨文在语言学领域却未受到应有的重视。

一、政治话语的定义

政治话语是政治语言学的中心概念，然而对该概念至今没有一个统一的界定。由于语言学家各自的研究角度不同，对政治话语具体内涵的认定也有所区别。但现有的界定不同程度地反映了该概念的实质。

В. А. Маслова 认为，政治话语是话语的一种特殊变体，旨在赢得和维护政治权力。语言学中指多方面、多层次的现象，构成一个统一整体的各成分的综合（В. А. Маслова，2008：43）。А. Н. Баранов 和 Е. Г. Казакевич 对政治话语的理解是："所有用于政治辩论的言语行为，以及传统所崇尚和经过经验检验的公共政治规则的总和。"（А. Н. Баранов，Е. Г. Казакевич，1991：6）Ю. А. Сорокин 通过政治话语与意识形态话语的相互关系将其理解为意识形态话语中的一种。它与意识形态话语的区别在于：政治话语是亚话语，对其使用是显性的，而意识形态话语是元话语，对其使用是隐性的（Ю. А. Сорокин，1997：57）。

А. П. Чудинов 指出，在政治话语的内容中一定包含了说话人（写东西的人或念东西的人）意识中存在的，可以影响言语产生和接受的所有成分。这些成分可以包括其他语篇，作者的政治观点和他构建语篇时的任务，作者对接受者的认识，该语篇构建和"存在"的政治语境（А. П. Чудинов，

2012：19）。

目前，在俄罗斯语言学界，对政治话语这一术语形成了狭义和广义两种理解。

从狭义的角度看，政治话语指政治活动参与者在社会政治机构中形成的话语，如就职演说、命令、总结报告、党纲、总统国情咨文等，这种话语必须带有机构话语的标记。即，只有那些在诸如国家之间、一国政府、某个政党和某些党派等的机构语境中发生的政治人物的话语才算得上是政治话语。所以它排除了一个政治人物和其朋友之间的随意谈话，尽管他们的谈话内容有可能是有关国家政策、外交等内容。总之，政治话语必须以说话者作为政治人物的职业身份和机构语境两者相结合构成。该理解强调交际的机构形式，交际是机构的组成部分。与政治话语的机构性相关的是政治话语的界限和体裁类型问题。

从广义上讲，判断政治话语的标准取决于话语的交际主体、交际受话者及交际内容这三个交际因素中的任何一个是否属于政治领域（Е. И. Шейгал，2000：33，34）。因此，政治传闻、政治家的回忆录、政治笑话等等都属于政治领域的交际，应当归为政治话语。这种划分大大扩充了政治话语的研究范围。目前在俄罗斯采用这种理解的学者居多。

因此，我们认为，政治话语是由政治活动的参与者（如政党、政治家）在社会政治机构中为了达到其交际目的（如发布消息，维持秩序；表明态度，施加影响，调控舆论等）所发起的与政治内容相关的各种类型的话语集合，包括政治演讲、政治访谈、政党宣言、社论、政府新闻发布会、政治新闻报道、白皮书、政治专栏等。

二、俄罗斯政治话语的研究视角

政治话语是一个多维复杂的语言现象，对政治话语的研究涉及政治学、修辞学、批评语言学等学科。在语言学范围内俄罗斯学界主要从以下几个视角对政治话语进行研究（蒋春丽，杨可，2013：11）。

（一）语言描写

现代语言学中的描写分析法主要研究政治家的语言行为，分析政治家为了影响受话者的意识以达到劝说目的所使用的语言手段、修辞手法和操控策略，包括批评、许诺、号召、讽刺等战术策略。

（二）认知分析

该方法从对话语单位和结构的描写转向对政治交际参与者意识结构的模式化分析，并通过分析政治话语中的基本概念和话语框架以及隐喻模型和定型来构建模式。

（三）批评分析

该方法主要分析实现政治权力在社会中的统治地位时所采用的手段，研究语言在知识建构和传播机制以及社会机构建立和权力使用中的运用特征，集中关注语言或话语中的不平等表现。

三、俄罗斯政治话语研究的特点和趋势

俄罗斯社会制度的转型将俄罗斯政治交际研究转入一个新的发展阶段——苏联解体后的俄罗斯政治交际研究时期。虽然，该时期的俄罗斯政治话语研究正处于动态发展之中，但是仍可以看到其中所呈现的一些基本特点和规律（杨可，2012：147）。

（一）政治交际的体裁和模式的增多

媒体对政治人物的采访，政治家的答记者问，竞选前的电视辩论，政治人物或者政党的官方网站、博客等是新时期出现的新的政治言语体裁。上述各种体裁的出现大大丰富了研究者的研究课题和材料。新的交际模式的出现，科学技术的进步，网络时代的来临为政治交际提供了新的技术手段和平台，政治交际模式也发生了相应的变化。这些因素无疑都大大拓展了政治话语研究的范围。

（二）研究角度和研究方法的丰富

在传统的研究角度和研究方法的基础上，俄罗斯的政治话语研究领域出现了不少新视角、新方法。政治交际中的语言学因素是不言而喻的，因此新时期的俄罗斯政治话语研究延续了传统的语言学研究视角。语言学家们在其他学科材料的基础上将语言事实的描写和其他学科的解释融合在一起，不仅关注政治人物言语本身的特点，还试图更全面、更充分地研究政治言

语的功能方面，注重社会等超语言因素对政治家言语实践的影响。随着语言学自身的深入发展，在面对政治人物的言语问题时，研究者们不再局限于使用纯语言学的研究方法，而是尝试运用各种不同的理论和方法，如言语行为理论、话语分析理论、认知学、语言文化学的方法等来描述、分析和阐释。

（三）研究的客观性和批评性的加强

俄罗斯社会政治生活的民主化使学者们有可能更加客观地分析和观察政治人物的话语，打破了以往研究中所存在的对政治家语言艺术一片赞扬声的局面，出现了大量批评性文章，以及对政治家言语错误进行剖析的文章。

四、政治话语体裁的分类

在政治话语中，每一种交际情景都与其体裁整体相符合。体裁是语篇的个性化，是语篇与言语活动条件联系的重要手段。每一种体裁都有严格的组织语篇的规则。

一是通过口头言语和笔头言语的比较划分：口头言语体裁，如集会上的发言、报告、谈话、辩论、访谈等；笔头言语体裁，如纲领、传单、报刊文章、致政治领袖的信函等。

二是通过独白言语和对话言语的比较划分：独白性体裁，如广播讲话、报刊文章等；对话性体裁，如讨论、谈判等。

三是根据功能划分：仪式性体裁，如总统就职演说、贺词等；方针性体裁，如报告、命令、条约、协议等；号召进行斗争的公众性公开体裁，如口号、传单、集会发言、集体呼喊；

信息性体裁，如报刊信息、公民对政治家的呼吁或大众传媒上的呼吁。

四是根据信息容量的大小划分：小型体裁，如口号、标语、集体呼喊；中型体裁，如集会上的发言或议会上的发言、传单、报刊文章等；大型体裁，如政党的纲领、政治报告、政论书籍等。

五是根据话语的目的划分具体为：信息型、评价型和命令型（呼吁采取行动）体裁。信息、评价和命令可以存在于同一语篇中。比如在竞选前的宣传传单中常常包括了关于候选人的信息，对他的肯定评价以及呼吁人们信任他。同时，也存在一些语篇，其中上述某一种体裁的特点特别明显，比如政治领袖的自传性书籍就是信息性体裁占绝对优势的例子。

五、总统国情咨文的政治话语性质

俄罗斯总统国情咨文的结构分为问候语、称呼、开场白（确定战略目标、过去一年的总结、对已取得成绩的不满足）、主要内容（国内形势、面临的困难、发展的任务和优先方向；国际形势、俄罗斯在国际舞台上的角色和定位、外交政策的优先发展方向几个模块）、结尾、致谢几个组成部分，作为一种高度程式化的文本，它运用相对固定的话题、图式、文本和词汇等反映某个历史时期的社会变化，及时而深刻地反映政府的执政理念和意识形态，是极具权威性和代表性的政治语篇，反映了俄罗斯政府的政策实践和政治话语变迁及政治语言使用和社会变迁之间的互动关系。

总统国情咨文这种特殊的言语体裁形式起源于美国，是宪法布置给总统向国会报告的任务，是咨文的一种，主要阐明美国总统每年面临的国内外情况，以及政府将要采取的政策措施。总统乔治·华盛顿于 1790 年 1 月 8 日在临时首都纽约市发表了第一份总统国情咨文。按照传统，总统每年都要发表国情咨文。多年来，这个演讲都被称为“总统的年度国会演讲”。现在的称呼“国情咨文”是直到 1935 年富兰克林·德拉诺·罗斯福开始使用这个词组以后才被广泛使用的。

国家元首向议会做报告的这种制度存在于大部分苏联加盟共和国（俄罗斯、白俄罗斯、格鲁吉亚、哈萨克斯坦、吉尔吉斯斯坦、塔吉克斯坦、乌兹别克斯坦、乌克兰）。俄罗斯联邦总统向最高立法机构发表咨文的准则最早出现在 1991 年 4 月 24 日俄罗斯苏维埃联邦社会主义共和国《关于俄罗斯苏维埃联邦社会主义共和国总统》的法律条文中，按照第五款第三条：总统每年向俄罗斯苏维埃联邦社会主义共和国人民代表会议做不得少于一次关于完成俄罗斯苏维埃联邦社会主义共和国人民代表会议和最高委员会制定的社会经济和其他方面的规划以及国内情况的报告。俄罗斯苏维埃联邦社会主义共和国人民代表会议在获得人民代表的大部分票数的情况下有权要求总统做特别报告。

1993 年俄罗斯联邦宪法生效后，国家元首向议会做咨文报告成为每年的惯例。第一篇国情咨文于 1994 年 2 月 24 日由时任总统叶利钦发表。国情咨文的现场话语由总统进行演讲完成，因此，其话语参与者主要有两方：一方为演讲者——俄罗斯总统；另一方为受众者——国家杜马代表及联邦委员会成员。当然，隐形的参与者还有不在场的观众，他们是国情咨文话语的重要间接参与者。

如前所述，政治话语是要关注政治活动的参与者如何运用语言达到自己的交际目的的，话语活动的现场参与者——俄罗斯总统和国家杜马代表及联邦委员会成员，这些人物带有明显的政治标记，总统发表国情咨文演讲和代表们聆听构成的政治交流成为政治话语的一部分。此外，国情咨文的话语目的也决定了国情咨文的政治话语性质。国情咨文的目的主要是为了阐述政策、传递信息、引导舆论和塑造政府形象。因此，它有着强烈的导向性，这种导向必然通过话语表现出来。

六、俄语学者对俄罗斯总统国情咨文的研究

总统国情咨文作为政治话语的一种体裁形式，既不同于政治新闻报道（包括报纸或广播的），也不同于总统的就职演说、新年致辞或者政治辩论，是一种特殊的体裁形式，它在表述方式和表述风格上都形成了显著的特征，这些特征的独特性足以使我们把它作为一个专门的领域去研究和分析。

М. В. Гаврилова 在其专著《总统言语的认知和修辞基础（以 Б. Н. Ельцин 和 В. В. Путин 的讲话材料为例）》中从认知和修辞的角度对普京和叶利钦两位总统言语的交际特点进行了详尽的分析。这是俄罗斯国内第一部系统研究俄罗斯总统就职演说以及其国情咨文的专著。此外，除了从政治学的角度对总统国情咨文的具体内容进行介绍和分析的专著和文章外，从政治话语和言语体裁角度对其进行研究的论文成果主要集中在学术期刊《Политическая лингвистика》上，主要有：М. В. Гаврилова 的文章《俄罗斯总统国情咨文的体裁特征》以概述性的介绍为主，从国情咨文的结构独特性、特定词汇的运用、

句法手段、隐喻的运用等方面进行分析，揭示总统国情咨文作为一种特殊的政治话语体裁所具有的区别于其他体裁的独特功能特征，并没有涉及具体的语篇和实例。Е. Ю. Викторова 的《俄罗斯和美国总统的言语附加交际单位（以国情咨文为例）》以俄罗斯和美国的总统国情咨文为例，通过共时的对比研究俄罗斯和美国总统言语附加交际单位的差异性。Т. И. Стексова 的论文《作为政治交际体裁的总统国情咨文》和 Д. В. Гусев 的论文《2008 年俄罗斯总统国情咨文的概念—话语结构》都以具体某一年的总统国情咨文为例分析总统国情咨文作为政治交际的一种特殊言语体裁形式，但缺乏从历时的角度对俄罗斯总统国情咨文进行系统性梳理。

相比之下，我国学者对俄罗斯总统国情咨文的研究绝大多数是从政治学和外交学的角度来考察的，从语言学的角度对俄罗斯总统国情咨文进行的相关研究仅刚刚起步。主要成果有：卢婷婷的《试析俄语国情咨文语篇的主观情态性》，作者从句子和语篇共有的情态手段和语篇专门的情态手段角度出发分析国情咨文语篇中主观情态性的表现手段；万青松的硕士论文《总统国情咨文——一种特殊的言语体裁》以 2008 年俄罗斯总统国情咨文为语料进行实例分析，得出总统国情咨文作为一种言语体裁的独特性。

七、结语

综上所述，从政治话语的视角对俄罗斯总统国情咨文进行语言层面的分析，不仅有助于更好地理解该本文所传达的信息，了解俄罗斯政府在特定历史时期内政治、经济、教育、医疗、外交等领域的不同意识形态和工作重点，认识社会变迁的轨迹；更有助于探究隐藏在文本背后影响其语言风格的文化因素，从而能从更宏观的角度对此类文本进行解读，促进民族间更好地相互了解。同时可以将相关研究成果运用于国内俄语教学，促进学生对相关政治话语和言语体裁的理解。通过课堂指导，使学生掌握语篇所具有的交际目的和体裁结构，使学生认识到政治语篇不仅是一种语言建构，而且是一种社会意义的建构。

全面而系统地了解和梳理俄罗斯政治话语的研究视角、研究特点和趋势以及国情咨文在政治话语研究领域的研究成果有助于拓展俄罗斯政治语言研究的新方向，对我国俄语界，而且不仅仅是俄语界的同仁们开展类似的研究必然具有重要的指导意义和借鉴作用。

“小国”释义及其在21世纪的重要性*

长期以来，数量上占据绝对多数的小国在国际政治研究领域却始终位于“边缘”，对小国的研究严重不足。本文通过对现有小国概念，以及二战后至今的小国研究的发展状况的系统梳理和分析，来把握国际政治领域小国研究的历史发展脉络并提出针对本研究的一个小国定义。在此基础上，本文从小国在冷战后国际体系结构转型中的作用、小国在地区多边制度建设进程中扮演的角色和小国对大国关系调整起到的作用三个方面论述了小国在21世纪全球和地区秩序重塑进程中的重要性，以期推动国际关系领域，尤其是中国国际关系学界的小国研究向纵深方向发展。

一、如何定义“小国”？

“小国”概念是“小国研究”的起点。相较于政治学和国际经济学等学科而言，国际政治学对“小国”[1]一词做出定义的时间较晚。原因在于长期主导国际政治学研究的现实主义学

---

* 作者：顾静，中山大学亚太研究院讲师，主要研究领域为东亚地区建设。

① 对应的英文词语包括“small states”和“small power”。

派将大国力量分布视为国际格局演变的决定因素。在这一背景下，小国不被重视，对其定义缺乏统一性和准确性，甚至一度与另一概念——"弱国"相混淆。造成"小国"概念模糊与缺乏共识的另一主要原因在于"小国"概念本身具有的复杂性和争议性。长期以来，学界在"用什么标准来衡量国家的大小"问题上莫衷一是。有的主张以人口数量、国土面积、国民总收入[①]等物质指标中的一个或多个作为判断标准；有的则主张以自身安全感知或国际体系影响力感知等心理指标作为衡量依据。

现有的"小国"定义基本上分为"定性化概念"和"定量化概念"两类。"小国"概念的定性研究最早可追溯到20世纪50年代末到60年代。伴随着人们对第三世界国家不结盟运动的关注，出现了一批探讨小国外交政策与行为的研究成果，对"小国"概念的界定也包含其中。例如，罗斯坦（Robert L. Rothstein）将小国定义为"任何认识到其不能基于自身能力获得安全，而必须从根本上依靠来自其他国家的援助，或是国际制度、进程与形势等因素获得安全的国家；同时，小国无法依靠其自身的信念同样必须为国际政治舞台上其他国家所认知"[②]。基欧汉（Robert O. Keohane）认为小国是"任何其国家领导人认为无论单独行动，还是小集团行动，均无法对国际体系施加实质性影响的国家"[③] 等等。目前，较典型的定义是视"小国"为一个相对概念，即"本质上，小国可以是任何一个

---

① 一般用国内生产总值（GDP）衡量。

② Rothstein，Robert L.（1968）*Alliances and Small Powers*（New York and London：Columbia University Press，p. 29.

③ Keohane，Robert O.（1969）Lilliputians' Dilemmas：Small States in International Politics，*International Organization*，Vol. 23，No. 2，p. 296.

相对于另一个国家实力明显处于劣势的国家”①。

相对于“小国”概念的定性研究而言，对其的系统性量化分析十分稀少，现有的大多是一些无系统性研究支持、有极大任意性的数量界定。② 这一方面是由于人们对“小国”的性质仍界定不清，另一方面则是因为“小国”的判定常常关系到联合国、世界银行、世界贸易组织、欧盟、北美自由贸易区等全球或地区性国际组织开发援助、贷款、技术援助，以及各种优惠政策的适用，从而牵涉复杂的利益分配和公平正义问题。现有“小国”概念的量化分析大致出现在20世纪七八十年代。其中，最具代表性的是唐尼斯（Andrew S. Downes）在综合前人研究的基础上，以1973年全球145个国家的人口统计数量、国民生产总值（GNP）和国土面积等三个数据为基础，运用主成分分析法（Principal Components Analysis）这一多变量统计技术，得到各国单一的一个国家大小分值（country size score），从而实现对“国家大小”的系统性综合测量。③ 此后，克劳沃德斯（Tom Crowards）结合人口、国土面积和GDP三个参数，运用聚类分析法（Cluster Analysis）对由190个国家构成的样本进行国家大小分类研究。④ 事实上，选取哪些数量参数来考

---

① Knudsen, Olav. F. (2002) Small States, Latent and Extant: Towards a General Perspective, *Journal of International Relations and Development*, Vol. 5, No. 2, p. 184.

② 以国家人口数量这一最经常使用的测定国家大小指标为例，在1957年至1999年间使用过的判定“小国”的划分标准变动剧烈，从五六十年代的1000万—1500万，到七八十年代的500万，再到90年代的100万—150万，短短三四十年间标准降了一个数量级，从千万级降到百万级。参见Crowards, Tom. (2002) Defining the Category of “Small” States, Journal of International Development, Vol. 14, No. 2, p. 145。

③ Downes, Andrew S. (1988) On the Statistical Measurement of Smallness: A Principal Component Measure of Country Size, *Social and Economic Studies*, Vol. 37, No. 3, pp. 75 – 96.

④ Crowards, Tom. (2002) Defining the Category of “Small” States, Journal of International Development, Vol. 14, No. 2, pp. 143 – 179.

察国家大小是研究者的主观决定，目前对“小国”概念的定量分析基本上以一国人口数量、国土面积和总收入三个数据指标为依据，这三个指标是否全面，是不可回避的一个关键问题。另外，因为不同学者选取的国家样本、数据年份、统计分析方法不尽相同，得出的小国分类结果也不完全相同。

总体而言，“小国”概念发展至今仍旧处于由研究者自行定义的“欠发展”阶段①，无明显的一致性。本文从研究需要出发，采用与基欧汉相近的定性化“小国”定义，即无法单独对国际体系施加实质性影响的国家。

二、小国研究的现状

发展至今，学界对小国的讨论仍旧处在“有小国研究，但无小国理论”② 的状况。根据克纳德森（Olav F. Knudsen）的归纳，现有小国研究大致可归为三类：（1）小国基本的对外政策选择研究；（2）小国政治及政策形成的比较研究；（3）与国家承认、民族自决、少数族裔、民族分离与统一，以及相对于大国对小国存在及其权利的合法化等议题相关的研究。③ 就国际政治学而言，则只涉及第一类研究。

---

① Neumann, I. and Gstohl, S. (2004) *Lilliputians in Gulliver's World: Small States in International Relations*, Working Paper 1 – 2004, May (Centre for Small State Studies, University of Iceland); Sutton, Paul. (2011) *The Concept of Small States in the International Political Economy*, Round Table, Vol. 100 Issue 413, pp. 141 – 153.

② Knudsen, Olav. F. (2002) Small States, Latent and Extant: Towards a General Perspective, Journal of International Relations and Development, Vol. 5, No. 2, p. 182.

③ Knudsen, Olav. F. (2002) Small States, Latent and Extant: Towards a General Perspective, Journal of International Relations and Development, Vol. 5, No. 2, p. 182.

国际政治学对小国基本对外政策选择的研究历史较长，第一个研究高潮可追溯到20世纪五六十年代，集中于以亚非拉国家的不结盟运动为中心展开的小国“联盟政策”或“不结盟政策”分析和探讨。这一时期的主导国际政治分析框架是现实主义，而现实主义关注和强调的是大国的利益。在此逻辑下，小国的对外政策是由外部环境，即大国之间实力分布定义的国际体系结构决定的，而非由小国国内因素决定。小国研究沦为大国关系研究的“附属”，缺乏独立性和自主性。第二个高潮开始于冷战结束，并一直延续至今。一方面，苏联的解体带来的一大批新的小国，它们纷纷加入到欧洲地区一体化进程和跨大西洋合作进程中；另一方面，亚洲、高加索、拉美等地区的小国随着冷战后国际互动主题由“冲突”转向“合作”，也积极投身到地区一体化进程中，标志着小国新一轮“联盟”或“不结盟”浪潮的开始。这一时期的小国研究开始超越现实主义思维，向多元化、系统性方向发展，并相对于大国关系研究越来越具有自我发展的独立性。学者们在关注国际体系结构对小国对外政策影响的同时，开始强调小国国内因素的重要性，认为“在小国对外政策选择研究中，国际体系因素和国内因素孰轻孰重是一个经验性问题，因此，不应设定哪一个因素居于主导地位”①。此外，一批来自欧洲小国的学者开始以欧盟为背景，研究小国在其中发挥的重要作用及其实现自身利益的独特战略。研究发现，在某些议事日程中，小国发挥了超出其力量级别的核心主导作用，如瑞典在欧盟理事会采纳“预防暴

---

① Elman, Miriam F. (1995) The Foreign Policies of Small States: Challenging Neorealism in Its Own Backyard, *British Journal of Political Science*, Vol. 25, No. 2, p. 175.

力冲突欧盟计划”中发挥的关键性作用①；尽管欧盟现有体制结构及其法规为小国提供了若干保护其利益的规定和做法，但这仅是一个书面的“制度框架”，小国还必须在投票和议价力量、辩论力量和道德性制度力量等三个“软实力”侧面针对欧盟大国采取具体有效的平衡策略，② 等等。在亚洲，尤其是亚太地区，小国甚至成为了地区化进程的中心，例如以东盟为中心的东亚制度性一体化进程。但由于这一地区的一体化出现时间较晚，且发展进程十分复杂，现有研究多是对该进程的描述、解释和评价，未能从小国的视野和特性出发展开理论探索。

三、21世纪“小国”的重要作用

冷战的结束宣告和平与发展时代的到来，对小国而言，不仅面临的安全威胁大大降低，而且大国关系的全面调整也给小国提供了很大的外交空间。在某些全球性议题和在某些地区，小国和小国一体化组织甚至成为大国竞相拉拢的对象。进入21世纪以来，不仅全球性多边制度和多边组织越来越重视小国，而且，欧洲、亚洲、美洲、大洋洲、非洲的小国在新一波地区主义浪潮中日益发挥重要作用。在东亚，甚至出现由小国集团领导、大国参与的新型地区一体化发展模式。无怪乎有学者将

---

① Björkdahl, Annikal. (2008) Norm advocacy: a small state strategy to influence the EU, *Journal of European Public Policy*, Vol. 15, No. 1, pp. 135 – 154.

② Kutys, Paulius. (2009) *Small States Inside The EU: Strategies For Pursuing Their National Interests*, TILTAI, 4.

21 世纪称为“小国的时代”[①]。

具体来看，在 21 世纪，小国的重要性可从以下三个方面进行解读。

（一）小国在冷战后国际体系结构转型进程中起着不可或缺的“中和”作用

目前，国际体系正处在旧格局瓦解，新格局尚未建立的“无结构定义”时期。小国不仅为数众多，利益多元，而且与各个大国有着亲疏远近的多样化关系。加之小国实力和资源的有限，造成其经济和安全方面的高度脆弱和敏感。因此，小国天然倾向与大国合作与力量平衡。小国利益和立场的多样，及其对国际合作与体系结构平衡的天然拥戴，使得小国在冷战后国际体系结构转型期起到不可或缺的“中和”作用。

（二）小国在冷战后地区多边制度建设进程中扮演支撑角色

“多边主义”思想强调的是大小国家之间的平等和共赢，这恰好符合实力弱小、资源有限的小国的利益诉求。而进入 21 世纪后兴起的新一轮地区一体化浪潮的一大突出特征就是多边主义的盛行。因此，小国在本轮地区多边制度建设进程中发挥了重要的建设性作用，甚至担当起发动机和领导角色。

---

① Kutys, Paulius. (2009) *Small States Inside The EU: Strategies For Pursuing Their National Interests*, TILTAI, 4, p. 1.

（三）小国对大国关系调整起到的缓冲作用

相对于大国，小国是弱势和劣势的一方。正是由于小国对大国的绝对无威胁性，使得小国在冷战后展开的大国间分化重组与竞争较量中成为了广阔的“中间地带”，为大国竞争提供了一个间接性作用空间和舞台，从而对大国关系调整起到重要的缓冲作用。这在很大程度上降低了大国之间因国际体系结构调整而发生破坏力巨大的直面冲突的可能性。

四、结语

应看到，一方面，目前学界对小国的系统性研究才刚起步，迄今尚未有“小国理论”出现，但另一方面，在发展系统的小国研究方面，欧洲人已经走在了亚洲人前面。显然，这一状况与亚洲，尤其是东亚在21世纪新一波地区一体化浪潮中所扮演的“急先锋”和“发展模式代表”的角色不符，来自包括中国在内的亚洲的“小国研究”亟需跟上亚洲小国在地区和全球舞台上日益活跃的步伐。

道义、舆论与话语权

——美国官方话语对外传播的战略框架*

冷战结束以来，美国的全球战略以维护美国唯一超级大国的地位及其全球霸权为旨归。美国的对外传播战略作为美国全球战略不可或缺的重要组成部分，服从并服务于美国的全球战略。在美国的对外传播战略中，其官方话语作为阐述美国政策的载体，承载的使命不仅是表达、传递美国的外交政策，更为美国外交政策的政治正确性、法律合理性和道德正义性进行辩护和宣扬。更为重要的是，在对外传播的过程中，美国官方话语潜移默化地渗透、输出美国的价值观和意识形态。可以说，美国官方话语的对外传播战略是支撑美国超级大国地位不可或缺的重要因素。因此，冷战后美国官方话语的对外传播始终围绕如下的战略目标而展开，即确立美国全球霸权的“合法性”。美国政府通过对官方话语进行系统性、策略性的选择、包装和对外传播，不仅对内维护了美国主流的价值观和意识形态，而且对外深刻地影响了其他国家民众的价值取向、思维定势和意

* 作者：冯峰，对外经济贸易大学国际关系学院副教授，博士。

识形态。在一套精心设计、巧妙实施的对外传播战略下，美国的官方话语引导并推动国际舆论朝着有利于美国国家利益的方向发展。这一战略不仅维护了美国的核心价值观，以及美国的意识形态安全和制度安全，而且有利于增强美国在国际事务中的霸权地位，并“反证”美国全球霸权的政治“正确性”和“合理性”。本文主体分成三个部分，分别从国际道义、国际舆论、国际话语权三个维度阐述美国官方话语对外传播战略的三大支柱；最后一部分作为全文的总结，指出研究美国官方话语的对外传播战略对于构建中国官方话语对外传播战略框架的重要启示。

一、争夺和占据国际道义制高点

积极谋取和掌握国际道义制高点是美国官方话语对外传播战略的起点。从战略上而言，占据国际道义制高点符合美国的国家利益，有利于美国争夺和维持国际霸权。在经济全球化深入发展、世界各国交流日益频繁的“地球村”时代，美国积极抢占国际道义制高点，赋予自身内外政策具有政治“正确性”和“合理性”。世界各国一方面指责美国在国际事务中的强权政治特性，另一方面却无法从根本上否定美国全球战略的道德感召力。这一看起来似乎自相矛盾的国际现象，同美国官方话语长期以来在对外传播中注重对国际道义的追求具有密不可分的因果关系。

第一，美国政治推崇“道义原则”。有相当成熟的研究表明，美国是当今世界上一个具有极强宗教色彩的发达国家。[①]美国社会强烈的宗教性尤其是美国的新教特征，对美国的政治过程产生了决定性影响。这一特征主要表现为美国人对自身的价值观、意识形态和政治制度具有近乎宗教般的狂热与自信，以及与该特征同出一源的传教士情节。美国社会的宗教性在国家政治生活上的体现，就是美国的政治运转过程带有浓厚的道义烙印，或者说某种形式的“道德准则”。自从西方世界兴起以来，还没有一个霸权国在国际事务中比美国更讲究“政治信条”或“道义原则”。在此之前，其他的大国比如西班牙、大英帝国在攫取利益时，几乎就是赤裸裸的武力征伐和炮舰政策。然而，美国在国际事务中在争取本国的国家利益时通常首先祭出某项“道义原则”作为旗帜。通过确立一条或若干冠冕堂皇的原则来维护美国的国家利益，是美国在国际政治斗争中的一项重要创举。比如，19 世纪末 20 世纪初，美国以“门户开放、机会均等”为旗号抗衡列强瓜分中国的势力范围政策。作为美国的官方话语，统称为“门户开放”的政策，不仅被作为当事国的中国政府所接受，而且其他列强也难以从根本上加以否定或拒绝。也就是说，原本只是美国的一个官方话语及其一项对华政策的“门户开放”，其功能实际上是作为帝国主义列强共同的对华政策“原则”而存在。这是美国通过官方话语的对外传播，把本国外交政策上升到“国际道义”高度的一个典型案例。该项“国际道义”原则，不仅极大地维护了美国的在华利益，也维护了美国在远东、太平洋地区的国际地位。更

---

① 刘建飞：《美国与反共主义》，中国社会科学出版社 2001 年版，第 33—38 页。于歌：《美国的本质：基督新教支配的国家和外交》，当代中国出版社 2006 年版，第 25 页。刘澎：《当代美国宗教》，社会科学文献出版社 2001 年版，第 16—17 页。

为重要的是，此后很长一段时期内，“门户开放”一直被当作“中美特殊关系”的重要事例加以广泛宣扬。① 它在两国民众中培养了一大批“亲美”或“亲华”的友好人士，对当今中美之间“剪不断、理还乱”的超复杂关系产生了深刻而持久的影响。

第二，美国眼中的“国际道义”原则以美国的价值观和意识形态为坐标。尽管美国宪法规定美国是一个政教分离、信仰自由的国家，然而，新教在美国政治生活中具有特殊的地位。比如说，在美国总统就职仪式上，新总统手按基督教《圣经》宣誓就职。美国货币上印有“我们坚信上帝”（IN GOD WE TRUST）的字样。美国军队里有常驻牧师和随军牧师。而所有美国人，上至总统议员下至贩夫走卒都耳熟能详的“效忠誓词”，同样规定美国人宣誓效忠“在上帝保佑之下”的美国。② 美国第二任总统亚当斯迁入白宫后，下令在正式的餐厅刻上祷词：“我祈求上帝，将最好的祝福赐予这座屋子和以后居住在这里的每个人，但愿唯有诚实睿智的人永远在这屋檐下治理。”③ 总之，美国一系列的官方场合和官方仪式都带有明显的新教色彩。美国的新教信仰对美国的价值观、意识形态和政治制度产生了举足轻重的决定性影响。它对美国社会崇尚的道义原则的深刻影响也不例外。实际上，美国眼中的“国际道义”原则，即是新教信仰在世俗领域的体现与延伸。这些道义原则

---

① “中美特殊关系”也是美国政府的官方话语之一。［美］韩德著，项立岭、林勇军译：《中美特殊关系的形成——1914 年前的美国与中国》，复旦大学出版社 1993 年版，第 315 页。

② 效忠誓词（The Pledge of Allegiance）共 31 个单词，原文如下：I Pledge Allegiance to the flag of the United States of America, and to the Republic for which it stands; one Nation under God, indivisible, with liberty and justice for all。

③ ［美］艾克曼著，姚敏、王青山译：《布什总统的信仰历程》，社会科学文献出版社 2006 年版，第 232 页。

与美国社会主流的价值观和意识形态并行不悖。例如，美国2002年版《国家安全战略》写道，美国“将积极努力，促使民主、发展、自由市场和自由贸易的希望遍及世界每一个角落”①。显然，“民主”、“自由”作为美国标准的官方话语，在二战后美国的外交政策、对外传播和国际事务中广泛使用和推广。而“自由”、“民主”等概念正是美国基本的价值观念和意识形态。必须强调的是，向世界各地推广美国国内的某项原则是十分典型的“传教士”情结在政治领域的反映。

第三，向全球推广美式“道义”原则是美国官方话语对外传播的重要特征。美国的官方话语既是美国政府推行政策的标准用语，也反映了美国社会主流的价值取向。在美国宣扬国际道义原则的背后，隐藏的是美国对外传播的真实目的，即表面上通过官方话语宣扬国际道义，骨子里却是对受众潜移默化地传播美国的价值观和意识形态。换言之，尽管美国官方话语满嘴“国际道义”原则，然而这一系列“道义原则”却夹带着大量反映美国价值观、意识形态的“私货”。如果说，国内政治的合法性是美国官方话语对外传播战略的基础的话，那么，将国内“道义原则”宣扬为国际“道义原则”、将“民族价值”推广为“普世价值”，就成为美国官方话语对外传播战略的重要目标。比如，奥巴马执政后，“普世价值”成为美国官方话语体系的新名词和新宠儿。美国白宫公布的2010版《国家安全战略》报告明确提到了“普世价值”。② 这是美国联邦

---

① George W. Bush,, *The National Security Strategy of the United States of America*, “Preface”, The White House, Sept. 2002, http://nssarchive.us/NSSR/2002.pdf.

② The White House, *National Security Strategy*, May 2010, p. 7 & p. 36, http://www.whitehouse.gov/sites/default/files/rss_viewer/national_security_strategy.pdf.

政府在官方文件中首次正式使用“普世价值”一词。此前，“普世价值”主要为学者所使用，如今该词成为美国政府的官方话语。这既是美国推广美式民主政治的一次重大转折，预示着“普世价值”将成为继“自由”、“民主”之后美国对外推行美式政治制度和意识形态的又一标准话语，同时也是美国向世界推广美式“道义原则”的一个典型案例。在美国人看来“普世价值”一词“天生”即带有“国际道义”的属性。在“普世价值”正式作为美国官方话语之前，“自由”、“民主”、“人权”、“法治”等词汇是美国在谈论美国价值观、意识形态、政治制度时最常使用的、标准的官方话语。在引入“普世价值”一词后，美国用美式“普世价值”标准垄断对“普世价值”的话语解释权，把“普世价值”定义为以美式“自由民主”为核心的价值观，宣扬“普世价值”即是“自由民主”、“自由民主”即是“普世价值”。美国政府大力宣扬“普世价值”，有利于美国对外传播战略的顺利推进，有利于美国在不同民族、信奉不同宗教、具有不同政治信仰和价值观的人群中树立起道德感召力，从而有利于确保美国的全球战略占据国际道义制高点，牢牢地占据国际道义优势。

二、引导和控制国际舆论倾向

努力引导和控制国际舆论导向是美国官方话语对外传播战略的主要内容。尽管国际舆论本身不是国家软实力的组成部分，然而，把握国际舆论导向的能力却是国家软实力的组成部分，从而也是国家利益的必争环节。因此，成熟运作国际舆论有利于增强国家的软实力，也有利于维护本国的国家利益。在对外传播的过程中，美国的官方话语作为美国对外传播的重要源头，是国际舆论的重要塑造者、引导者和控制者。在对外传播战略的整体框架下，美国的官方话语以“国际道义”为旗号，塑造、引导和控制国际舆论，推动形成有利于美国国家利益的国际舆论氛围和舆论倾向。

首先，塑造国际舆论是美国官方话语对外传播战略的首要目标。美国以国内的政治信条和意识形态原则为坐标，化“国内道义”为“国际道义”、变“民族价值”为“普世价值”的过程是一个塑造国际舆论的过程。经典现实主义大师汉斯·摩根索认为，世界上并不存在真正的“国际舆论”。摩根索在其传世巨著《国家间政治》一书中写道，“真实存在的舆论不可避免地是按照各自国家的政治哲学、道德和愿望塑造的国家舆论。”[①] 尽管摩根索认为“国际舆论”是一种假象，然而摩根索并没有否定国际舆论的重要作用。摩根索指出，国家往往援用“国际舆论”论证自身的外交政策，使自己和别国确信其外交政策符合世界各地人民的共同标准。[②] 为此，通常的策略是“把一个特定国家的道德观念拔高到约束全人类的普遍性法则的崇高地位”。[③] 向世界各国宣扬本国的外交行为具有道义高度的过程即是塑造国际舆论的过程。美国在这方面表现得尤为突出。这与美国政府对国际舆论的重视程度具有正相关的关系。

---

① ［美］汉斯·摩根索著，徐昕、郝望、李保平译：《国家间政治：权力斗争与和平》（第七版），北京大学出版社 2006 年版，第 306 页。

② ［美］汉斯·摩根索著，徐昕、郝望、李保平译：《国家间政治：权力斗争与和平》（第七版），北京大学出版社 2006 年版，第 306 页。

③ ［美］汉斯·摩根索著，徐昕、郝望、李保平译：《国家间政治：权力斗争与和平》（第七版），北京大学出版社 2006 年版，第 306 页。

美国的官方话语作为该过程的主动参与者，是美国对外传播战略的显著特点。二战结束以来，促进和维护世界的和平与稳定成为国际事务中“政治正确性”的标准用语；与此同时，再也没有人会以“反世界和平”的面目提出某项政策、主张或理论。在这样的国际大背景下，美国的官方话语言必以“和平卫道士”自居，宣称美国外交的目的是为了“世界和平”。例如，奥巴马在2011年的国情咨文中谈到，美国部署导弹防御体系是美国“重塑世界、维护世界和平和繁荣所做出努力的一部分”。[①] 在这里，美国的官方话语有意地忽略了美国当前的一个至关重要的动机：美国部署导弹防御体系的目的在于谋求美国的单边优势，是一种大大增强美国单方面安全的举措。因此，毫无疑问，美国试验和部署导弹防御体系也是一种对国际战略力量平衡和国际战略稳定的严重破坏，不利于其他国家和地区的安全与稳定，从而损害了国际和平。然而，美国当局在为美国部署导弹防御体系政策进行辩护时，其官方话语选择的用词始终均是符合“国际道义”和“政治正确”的词汇，进而诉诸于“国际舆论”，把美国的政策宣扬为世界和平的维护者。甚至1950年当美国发动朝鲜战争时，美国宣称“迫切需要采取军事行动，以重建国际和平与安全”。[②] 再譬如，陈水扁时期，“台独”势力特别活跃，两岸关系呈现极其危急的局面。在此严重关头，中国政府——无论是历年的《政府工作报告》，还是白皮书《一个中国的原则与台湾问题》等官方正式文

① *Remarks of President Barack Obama in State of the Union Address*, Washington, D. C., Jan. 25, 2011, http://www.whitehouse.gov/the-press-office/2011/01/25/remarks-president-barack-obama-state-union-address-prepared-delivery.

② 王绳祖主编：《国际关系史》（第八卷），世界知识出版社1995年版，第58—60页。

件——向国内外明示，中国政府决不放弃使用武力解决台湾问题的权利。而美国政府在各种场合宣称，不论台湾问题如何解决，但必须是通过“和平”的方式，否则美国必将介入。[①] 显然，在“台独势力”猖獗的危急形势下，以“和平方式”还是“武力手段”解决台湾问题已经成为国际舆论斗争的重要环节。简言之，在国际舆论领域，美国政府通过官方话语持续、反复地对外传播与宣传，把符合本国价值观、意识形态和国家利益的观点塑造为国际舆论，把自身巧妙地打扮为“国际舆论”的化身。

其次，引导国际舆论朝着有利于美国国家利益的方向发展是美国官方话语对外传播的又一战略目标。在发动伊拉克战争前夕，“大规模杀伤性武器”、“邪恶轴心”成为美国官方话语的高频词汇。这是美国当局采取大规模行动前夕引导国际舆论的典型手段。美国前总统杰米·卡特在《我们濒危的价值观：美国道德危机》一书中评论说：“9·11”事件后，美国政府的高层官员如“洪水泛滥般地断言：我们正面临着伊拉克大规模杀伤性武器，或隐藏在国内的一个庞大的、组织严密的恐怖团体毁灭性的威胁”。[②] 小布什政府力图以此引导舆论，使美国国会和公众相信：萨达姆“无论如何都应该为世贸大厦和五角大楼遭遇的恐怖袭击负责；伊拉克正在发展核武器和其他大规模杀伤性武器，对美国的安全构成直接的威胁”。[③] 令人遗憾的是，正如卡特所指出的，“虽然这些断言的欺骗性后来得到揭穿，但木已成

---

① 刘建飞：《大博弈——中国的“太极”与美国的“拳击”》，浙江人民出版社 2005 年版，第 164、172、180 页。

② ［美］杰米·卡特著，汤玉明译：《我们濒危的价值观：美国道德危机》，西北大学出版社 2007 年版，第 124 页。

③ ［美］杰米·卡特：《我们濒危的价值观：美国道德危机》，第 127—128 页。

舟，我们大多数公民信以为真，支持战争。”[①] 而且事实上，伊拉克战争结束至今，美英联军从未在伊拉克找到萨达姆试图发展大规模杀伤性武器的证据或痕迹。后来连小布什本人也被迫承认萨达姆其实并不拥有大规模杀伤性武器。而这正是当时小布什为了证明美国军事进攻伊拉克具有政治“正确性”和“必要性”，从而说服美国公众、欺骗国际舆论的最主要理由。战争前夕，美国政府从总统小布什本人到副总统切尼、国务卿鲍威尔、国家安全顾问赖斯等决策层人士，轮番上阵，发布咨文、报告、情报资料、官方声明，直至在美国国会作证、在联合国演讲，言之凿凿，宣称萨达姆已经构成对美国国家安全和世界和平的“严重威胁”，让国内外民众相信通过武力解决伊拉克问题不可避免。小布什在2002年的国情咨文中创造了一个新的官方话语——“邪恶轴心”，并把这个标签贴在伊拉克、伊朗和朝鲜三个国家身上。[②]“邪恶轴心”这一具有特定含义的官方词汇，显然把该三国与纳粹德国以及希特勒策划组建的德意日“轴心国”集团相提并论，也让人立即联想到冷战时期里根总统扣到苏联头上的帽子——“邪恶帝国”。[③] 这个指向明确、误导色彩浓厚的官方话语，让无从获得真实、可靠信息的大众群体从潜意识里接受小布什政府所描绘的“萨达姆政府是一个邪恶的政权”的强烈印象，从而为美国政府武力进攻一个主权国家[④]建立

---

① ［美］杰米·卡特：《我们濒危的价值观：美国道德危机》，第128页。

② George W. Bush, *The President's State of the Union Address*, Jan. 29, 2002, Washington, D. C., http://www.whitehouse.gov/news/releases/2002/01/20020129-11.html.

③ John Dumbrell, *American Foreign Policy: Carter to Clinton*, New York: St. Martin's Press, 1997, p. 69.

④ 2003年美国攻打伊拉克，既没有得到联合国安理会的授权，也没有获得北约的授权，因此在国际法上并不合法，是一场地地道道的侵略战争。——笔者注

起“政治正确”、“道德合理”的必要舆论。在战争打响之前，美国政府还通过媒体大量报道萨达姆父子腐化堕落的花边新闻，成功地使普通大众失去对萨达姆政府残存的一点同情心。通过这一系列、逐步展开的对国际舆论的精心引导，终于为美国打击伊拉克铺平了道路。

第三，控制国际舆论倾向也是美国官方话语对外传播的战略目标之一。国际舆论具有易变性的特点，常常由于某些无法预测的突发事件而改变舆论倾向。因此，控制国际舆论倾向，使之在符合美国国家利益的框架内波动，就成为美国政府对外传播战略的又一重心。美国的官方话语作为国际舆论的重要信息源，在对外传播中不仅扮演了舆论塑造者和引导者的角色，还扮演了舆论倾向控制者的角色。2013 年 7 月 3 日，埃及军方罢黜了总统穆尔西，暂停使用现行宪法。无论是按照穆尔西本人的说法，还是按照“政变”一词的定义，这当属毫无疑问的“政变”行为。然而，美国政府却没有将经民主选举上台执政的总统穆尔西倒台事件定性为“政变”。① 依据美国的相关法律，如果一国发生政变，美国就必须断绝对该国的军事与经济援助。令美国当局头疼的是，埃及在美国的中东战略框架中占有不可或缺的重要地位，而且埃及军方是以色列和埃及过去 30 多年来能够和平相处的关键，支持埃及军方对以色列的国家安全和美国的国家利益均十分重要。为了避免美国对发生“政变”的埃及的制裁自动生效，美国的官方话语必须先行定调。

① “US Position on Egypt's ‘Coup’ Could Entangle Global Promotion of Democratic Values”, *The Washington Post*, http://www.washingtonpost.com/world/national-security/analysis-us-position-on-egypts-coup-could-entangle-global-promotion-of-democratic-values/2013/07/27/055b014e-f6e3-11e2-81fa-8e83b3864c36_story.html.

而且，考虑到美国巨大的国际影响力，一旦美国对某国国内突发性的政治变局定调为“政变”，国际社会的批评便会随之铺天盖地而来，政变后的该国领导人将承受着来自国际舆论的巨大压力。美国官方话语避免把穆尔西下台事件称作“政变”，成为控制国际舆论的风向标。事实上，美国政府力避“政变”的定性基本达到了预期的目标。埃及军方推翻穆尔西后，西方国家政府以及西方国家主导下的国际媒体表现出令人诧异的沉默。而通常的情形是，一国发生类似事件，西方国家把持下的国际媒体必然大肆炒作，“军人干政”、“民主倒退”、“局势动荡”等言辞将成为相当长一段时期内国际媒体的焦点。后者正如1999年10月巴基斯坦军方解散谢里夫政府后所发生的那样，当时美国的官方话语把该事件描述为“政变”，并和欧洲国家立即对巴基斯坦进行制裁。[①] 总之，美国的官方话语以及这些话语背后所代表的美国当局的政策，源源不断地通过相关机构发言人的声明或谈话、新闻发布会等形式，控制着国际舆论的倾向，使之服从于美国国家利益的需要。

三、谋求和掌握国际话语权

争夺和掌握国际话语权是美国官方话语对外传播战略的核心。国际话语权是国家软实力的重要组成部分，体现了一个国家相应的权力、价值观与意识形态。美国的官方话语在阐述和表达美国外交政策的同时，反映出美国的价值取向和意识形态。其一，话语权本身即具有权力的属性。掌握国际话语权显

---

① 中新社消息，http：//www. chinanews. com/1999－10－17/26/4012. html。

然是国际权力争斗的目标之一，对美国霸权的护持具有重要的支撑作用。其二，控制国际话语权有利于“论证”美国全球战略和外交政策的合理性、合法性和正当性，是美国谋求和保持国际支配地位的重要手段，在美国的全球战略中具有重要的地位。其三，话语权属于意识形态的范畴，而意识形态作为国家的上层建筑，是国家利益的重要组成部分。[①] 掌握国际话语权有利于增进美国的国家利益，尤其有利于美国在全球推进美式意识形态的目标。美国的官方话语作为外交政策的载体，是美国外交政策不可分割的有机组成部分。美国外交政策所追求的目标，也必然是美国官方话语在对外传播中所着力阐述、表达和关注的目标。同时，美国的官方话语承载着解释和论证美国外交政策以及对外传播的功能。因此，掌控国际话语权成为美国官方话语对外传播的核心追求。在对外传播战略的框架中，美国的官方话语特别注重在如下三个层面争夺国际话语权。

第一，美国官方话语以国际舆论的主导权为基础积极争夺国际话语权。在对外传播中，美国的官方话语抢占国际舆论主导权的过程实际上也是争夺国际话语权的过程。近年来，美国频频就网络安全问题向中国发难。随着 2012 年 10 月 8 日美国众议院情报委员会公布了对中国通信设备企业华为和中兴通讯公司的调查报告[②]，“网络安全”成为美国官方话语的又一高频词汇。此后直至 2013 年 6 月“斯诺登事件”爆发为止，“网

---

① 刘建飞：《论意识形态与国家利益的关系》，载《现代国际关系》，2001 年第 7 期，第 34 页。

② House Permanent Select Committee on Intelligence, *Investigative Report on the U. S. National Security Issues Posed by Chinese Telecommunications Companies Huawei and ZTE*, U. S. House of Representatives, 112th Congress, Oct. 8, 2012, http://intelligence. house. gov/sites/intelligence. house. gov/files/Huawei－ZTE%20Investigative%20Report%20（FINAL）. pdf.

络安全"、"网络威胁"成为美国官方话语操纵国际舆论的新工具，也成为中美关系的新议题。美国积极营造国际舆论，公开批评中国在网络空间发动黑客攻击、损害美国利益。2013 年 3 月，美国总统国家安全事务助理多尼伦称，网络安全问题已经逐渐挑战美中关系，呼吁中国停止网络攻击，并向中国提出三点要求。[①] 美国企图借此在中美元首会晤、新一轮的中美战略与经济对话等高层会谈场合占据道义优势、确立话语权。不得不承认，美国政府善于创造一个又一个的官方话语。在中美关系领域，从"最惠国待遇"到"人权"，从"保护知识产权"到"航海自由"，从"利益攸关者"到"大国责任论"，从"人民币汇率"到"网络安全"，美国不断推出新的官方话语。美国从而牢牢树立处理中美关系的话语权和主导权，并迫使中国随之起舞，迫使中国沿着美国的思路、围着美国的议事日程处理中美关系亟待解决的议题。再比如，美国的官方话语把"爱尔兰共和军"袭击平民的事件称作"恐怖主义"，然而又令人费解地把"东突"策划、组织的袭击平民的事件描述成争取"民族自决"的运动。显然，在国际政治中，对同一事物、同一事件话语指称的差异，不是一个无可无不可的差异，而是包含了立场、利益、道义等诸多复杂考量在内的全方位信息的反映。当官方话语或国际传媒提到"福克兰群岛"，那实际上表明该国、该新闻机构倾向于承认英国拥有主权；反之，如果称之为"马岛"，则倾向于承认阿根廷的主权要求。当美国官方话语反复提及"中国具有大国责任"的论调时，实际上

① Tom Donilon, *The United States and the Asia - Pacific in 2013*, New York, The Asia Society, March 11, 2013, http://www.whitehouse.gov/the - press - office/2013/03/11/remarks - tom - donilon - national - security - advisory - president - united - states - a.

也隐含了指责中国“没有承担相应的国际责任”。[①] 美国的官方话语正是以对国际舆论的主导地位为基础，进而进一步谋取对国际话语权的掌控。

第二，美国官方话语利用美国的学术话语权把持国际话语权。二战后，美国超级大国的地位不仅源于其强大的全球军事打击力量、全球规模第一的经济实力，而且源于其无与伦比的世界影响力。[②] 法国前外交部长于贝尔·韦德里纳曾经在1999年如此评论说，美国达到了20世纪超级大国的顶峰，“不仅表现在经济、金融、军事领域，还表现在生活方式、话语霸权，以及充斥世界的文化产品等方面”，“它影响着人们的思想，甚至让美国的敌人感到羡慕”。[③] 即使那些采取与美国不一样的政治制度的国家，也没有一个公开否定美国的民主政治制度。相反，许多国家的学者和政治家从各个角度研究美国的三权分立制衡、政党体制、选举制度、法治传统等导致美国强盛的政治根源和政治文化因素，并且效仿美国的政治体制。按照克林顿政府助理国防部长、新自由主义的代表人物约瑟夫·奈的观点，这就是“软实力”。奈在《美国霸权的困惑》一书中写道，“在国际政治中，一个国家达到了它想达到的目的，可能是因为别的国家想追随它，崇尚它的价值观，学习它的榜样，

---

① 如果中国学术界或政府机构欣然认为，随着中国经济实力的上升，中国可以考虑承担与自身实力相匹配的国际责任，则将落入美国埋下的陷阱，置自身于极其不利的国际道义地位。而且，美国必然还会为中国开列一张应该如何“承担大国的国际责任”的清单。——笔者注

② 朱成虎：《关于当前世界战略格局的几点思考》，载《世界经济与政治》，2011年第2期，第9—11页。

③ Lara Marlowe, “French Minister Urges Greater UN Role to Counter US Hyperpower,” *The Irish Times*, Nov. 4, 1999. http://www.irishtimes.com/news/french-minister-urges-greater-un-role-to-counter-us-hyperpower-1.246289.

渴望达到它所达到的繁荣和开放程度。”① 美国的软实力，尤其体现为美国的学术话语权。二战结束以来，无论是自然科学和工程技术领域，还是社会科学领域，几乎所有具有世界性重大影响的学术创新和学术成果都源自于美国。美国是这些创新和成果当之无愧的全球引擎。这些成就进一步强化了美国的学术话语权。美国的学术话语权是美国把持国际话语权的重要源泉。其一，美国的思想库和大学教育机构通过对国外同行的学术访问和科研项目的金钱资助或者通过国际学术会议的交流，影响和传播符合美国价值观和美国利益的思想倾向。在潜移默化地输出与渗透美国学术话语权的同时，有效地维护了美国的国际话语权。其二，美国的学术话语权深刻地影响着其他国家精英阶层的思维框架、价值取向、思想观点。在精英阶层中，学术圈人士为本国政府提供决策咨询服务，教师面对的则是下一代，而新闻媒体的辐射面是普通民众。其他国家精英沿着美国设定的思维框架和议事日程思考、讨论和解决国际事务，成为美国具有国际话语权的重要指标。其三，美国垄断了目前传播于世界大部分地区近 90% 的新闻，控制了世界 75% 的电视节目的生产和制作。② 在世界范围内通行的 70% 的词汇和图片都来源于美国。③ 通过对其他国家精英阶层的强有力影响，美国的学术话语权转化为国际话语权。

例如，1983 年美国学者迈克尔·多伊尔在《康德，自由

---

① ［美］约瑟夫·奈著，郑志国等译：《美国霸权的困惑——为什么美国不能独断专行》，世界知识出版社 2002 年版，第 9 页。

② Kenneth Neil Cukier, "Who Will Control the Internet?" *Foreign Affairs*, Vol. 84, No. 6, 2005, pp. 7－13.

③ ［法］于贝尔·韦德里纳著，张平译：《面对超级强国》，上海译文出版社 2006 年版，第 91 页。

主义遗产和外交》一文中以冗长的笔墨阐述了“民主和平论”的学术观点，他写道，“一个自由民主国家不会同另外一个自由民主国家打仗。”[①] 这一学术命题经过诸多学者的大力追捧和不断阐发后，形成了一套比较完整的学术理论[②]，并逐渐成为美国的官方话语。克林顿在宣誓就任总统前夕的一次演讲中断言：“民主国家并不互相进行战争”是“颠扑不破的真理”。[③] 在1994年的国情咨文中，克林顿声称，从未有过两个民主国家之间进行战争的事情发生。[④] 1996年，美国总统国家安全事务助理安东尼·莱克在一次演讲中宣称：“民主国家之间很少能发生战争或者滥用其人民的权利。这些国家致力于成为更好的贸易伙伴。”[⑤] 在1998年版《美国新世纪国家安全战略报告》中，克林顿强调：“民主国家的政府在面临共同的威胁时彼此之间更易于进行合作，鼓励自由贸易和促进经济持续发展。它们发动战争和侵占人民权利的可能性较小。”[⑥] 在美国看来，既然自由民主可以带来世界的永久和平，那么，实行自由民主政体具有理所当然的“政治正确性”和“道德正义性”，

① Michael W. Doyle, “Kant, Liberal Legacies, and Foreign Affairs,” *Philosophy and Public Affairs*, Vol. 12, No. 3, Summer, 1983, p. 205.

② Bruce Russett, ed., *Grasping the Democratic Peace: Principles for a post – Cold War World*, N. J.: Princeton University Press, 1993. John M. Owen, “How Liberalism Produces Democratic Peace”, *International Security*, Fall 1994. Edward Mansfield and Jack Snyder, “Democratization and War”, *Foreign Affairs*, Vol. 74, No. 3, May 1995. Spencer Weart, *Never at War: Why Democracies Will not Fight One Another*, New Haven: Yale University Press, 1998.

③ 克林顿在乔治敦大学发表的对外政策演说，1993年1月18日。

④ Bill Clinton, *State Of The Union Address*, Washington, D. C., Jan. 25, 1994, http://www.washingtonpost.com/wp-srv/politics/special/states/docs/sou94.htm.

⑤ ［美］理查德·N. 哈斯著，殷雄、徐静译：《新干涉主义》，新华出版社2000年版，第240—241页。

⑥ Bill Clinton, *A National Security Strategy for a New Century*, The White House, Oct. 1998, http://nssarchive.us/NSSR/1998.pdf.

在全球推进“民主”将符合全人类的利益就成为必然的逻辑推论。美国的官方话语通过并且利用如是的学术话语权掌握国际话语权，继而推行有利于美国利益的外交政策。简言之，利用学术主张和学术观点为美国的全球战略张目，是美国官方话语把持国际话语权的又一重要方式。

第三，美国官方话语通过垄断话语解释权的方式操纵国际话语权。试以美国对“人权”概念的话语解释为案例来说明美国政府在这方面的政策实践。二战后，随着《世界人权宣言》在1948年由联合国大会获得通过后，世界各国对于尊重和保护人权达成基本共识。但是在具体操作的层面上，许多国家对于人权的含义，以及保障人权的具体方式却存在着相当大的争议，甚至引起严重的歧见与冲突。这其实属于正常的国际现象，也恰恰反映出当前国际政治的基本现实，亦即，不同的国家和民族对于国际政治和国际事务的认识，具有多种多样甚至截然相反的观点。因此，具有不同宗教信仰、不同文化历史传承，或者来自不同的民族、实行不同的政治制度的国家，对“人权”的理解出现迥异乃至对立就不足为怪。然而，美国的官方话语在对外传播中，把美国对“人权”概念的单方面理解强加于其他国家。美国把美式自由民主原则作为评判人权的标准，通过在国际上促进民主来推进人权事业。1982年12月10日，美国国务院发表了一项“人权政策声明”，其中提到：“美国政府认为只有民主国家具有最好的人权调节器……只有民主才是人权的唯一保证。”[①]（老）布什总统在1990年的《美

① A. Glenn Mower, Jr., *Human Rights and American Foreign Policy: the Carter and Reagan Experiences*, New York: Greenwood Press, 1987, p. 41.

国国家安全战略》报告中表示，美国将寻求“促进自由、民主的政治体制的发展，作为人权及经济和社会领域进步的最可靠的保证”。① 克林顿政府也有类似的官方表述：“走向民主是促进人权的最好保障。”② 奥巴马政府发布的2012年版“国别人权报告”认定中国是“一个专制主义国家”。③ 如此一来，作为美国官方话语的“人权”词汇完全变味，沦为美国外交战略的工具。与此同时，美国挟其对国际新闻传媒机构从而是国际舆论的把持，通过官方话语不断的对外传播，取得了对“人权”概念的解释权。人权（即“人的权利”，包括人身安全、经济、政治、社会、文化等方面的权利），在美国官方话语的单边诠释下，已经与“民主”、“自由”等美式政治术语几乎等同。在谈论价值观、意识形态或者政治制度时，“自由”、“民主”、“人权”成为美国官方话语的标准版本。

四、结语

本文的研究表明，美国官方话语形成了一套体系成熟、严密、完整的对外传播战略。该战略可以概括为：以“国际道义”为旗号，通过对国际舆论的控制，掌握国际话语权；同时，又以国际话语权为工具，控制国际舆论，并以此把美国的外交政策宣扬为“国际道义”的化身。这样一种“互证”和

① George H. W. Bush, *National Security Strategy of the United States*, 1990, p. 3, The White House, http://nssarchive. us/NSSR/1990. pdf.

② John Dumbrell, *American Foreign Policy: Carter to Clinton*, New York: St. Martin's Press, 1997, p. 189.

③ U. S. Department of State, *Country Reports on Human Rights Practices for 2012: China*, p. 1, http://www. state. gov/j/drl/rls/hrrpt/humanrightsreport/index. htm#wrapper.

持续的循环政治运转过程，导致如下一个结果，即“国际道义”、国际舆论和国际话语权成为美国官方话语的“自留地”。美国的官方话语由此构建起一个以美国国家利益为出发点和落脚点的对外传播战略框架。研究美国官方话语的对外传播战略，不仅具有重大的学术意义，而且对中国而言具有重要的政策意义。

第一，美国官方话语的对外传播战略对中国外交尤其是中国在提升软实力方面的努力构成了巨大压力。在当今的国际传播格局中，中国处于明显被动的不利地位。美国的官方话语与美国主导下的国际新闻传媒机构，其中前者为政府力量，后者是民间机构，一官一民前后呼应、互相利用。[1] 两者一唱一和，不仅强力维护美国的全球主导地位，而且竭力宣扬美国的价值观和意识形态。美国官方话语的对外传播战略在维护美国国家利益的同时，力图削弱中国特色社会主义制度的凝聚力和向心力，扰乱中国既有的价值取向和意识形态。这是一个不容回避、必须正视的国际政治现实，也是中国应对美国外交挑战无法绕开的重大障碍。化解中国的这一不利局面，成为中国官方话语对外传播的当务之急。

第二，积极争夺学术话语权。在全球化的今天，学术话语权越来越成为一切话语权的核心。学术是一个国家、一个民族、一个社会知识和文明的结晶，是推动人类不断进步的阶梯。自古以来，尤其是西方世界兴起以来，学术一直是国家实力强盛的重要指标，其对精英阶层的重大影响是毋庸置疑的。

---

① 关于美国政府与媒体如何相互利用、相互帮衬的论述参阅如下文献：［美］杰里尔·罗塞蒂著，周启朋等译：《美国对外政策的政治学》，世界知识出版社 1997 年版，第 478—484 页。

可以说，谁掌握了一个时代、一个社会的学术话语权，谁就能控制该时代、该社会的思维框架和价值取向。正如上文所论述的，美国通过对学术话语权的控制，从而掌握了国际事务中的话语权。一个令中国学术界尴尬的事实是，如今中国的学术从学术框架到学术规范，从学术理论到学术话语，几乎都以西方国家尤其是美国为标准。为了化解中国在国际传播格局中的不利局面，中国学术界可以通过打破美国对学术话语权的垄断来改变美国控制国际话语权的局面。为此，中国学术界必须高度重视学术话语权的争夺，以中华民族的复兴为己任，推动学术创新和学术繁荣。其一，以自身领先的学术成果和学术话语供给政府当局使用；其二，努力使学术话语与官方话语形成良性互动的局面，而不是互不相干的“两张皮”；其三，摒弃西方文明中心主义的学术价值取向。中国的学术界应该养成必要的学术自信、文化自信和理论自信，构建深具中国文化底蕴的学术话语体系。

第三，把“美国模式”作为构建中国官方话语对外传播战略框架的重要参照系。如果说，美国官方话语对外传播战略对美国的国家利益具有重大的促进作用的话，那么，该战略的三大环节值得中国细细琢磨和借鉴。其一，中国的官方话语在“国际道义”问题上应该表现出更大的“政治自觉性”。在运用当前“国际道义”主流话语的基础上，逐渐赋予其新的内涵，使之符合中国的外交伦理和价值取向。其二，中国的官方话语应该重视对国际舆论导向的引导和把握。中国相关的政府部门应主动出击、以先声夺人的方式讲述“中国故事”，向国际社会介绍中国的历史和现状，勾勒中国的未来走向，并努力消除世界各地对中国现状和未来发展方向的误解。与此同时，把自身的政策主张融入国际舆论之中、把本国的外交政策描述成是对国际舆论的呼应，亦即通过国际舆论推行本国的外交政策，应该成为中国官方话语对外传播战略重点关注的方向。其三，中国的官方话语应为中国在国际话语权领域的地位争取一席之地。考虑到国际舆论控制权与国际话语权相辅相成、互相促进，中国官方话语的对外传播战略尤其需要下大力构建中国特色的政府与新闻传媒机构的互动关系。

第二部分

国家国际话语权的建构：问题与思考

“讲好中国故事”

——中国外交的长期任务和挑战*

近些年来，以胡锦涛、习近平总书记为首的党中央一再强调“讲好中国故事”，提高中国国际形象，促进中外相互了解，推动中国与世界的和平发展。2014 年 11 月召开的中央外事工作会议明确提出：“提升我国软实力，讲好中国故事，做好对外宣传工作。”① 中央对提高中国对外叙事能力的决心可窥一斑。

“讲好中国故事”意义重大，影响长远。它是改革开放伟大事业的一个重要组成部分。首先，所谓“开放”就是对外部世界开放，走出去，不仅要把外国经济发展的经验、教训请入国内以为“殷鉴”，更要把中国发展的艰辛历程加以全面描述，使他国接受、认可“中国故事”。其次，中国发展的目的和意义不仅局限于自身的“国强民富”，实现民族复兴的“中国梦”，更要借助中国的快速发展，为世界和平发展、人类的福祉做出贡献，彰显“中国故事”的全球意义。

---

* 作者：楚树龙，清华大学国际战略与发展研究所副所长，清华大学公共管理学院教授。

① 新华社：《中央外事工作会议在京举行》，《人民日报》，2014 年 11 月 30 日，第 1 版。

然而，中国历史上与外部世界联系有限，全面融入国际社会仅始自1978年的改革开放，为时仅有30余年。要在21世纪前期令中外实现真正相互了解、相互接受、相互认可、相互促进发展绝非易事，需要中国和国际社会其他成员，包括各国政府、国际组织及人民持续、长期努力。对中国而言，当务之急主要包括两大方面：把“中国故事”做好与把“中国故事”讲好。

一、“中国故事”：首先要做好、要真实可信

从一个完整的叙事结构角度审视，叙述技巧固然重要，但最重要、最基本的成功要素还是故事本身。如果故事本身不严整或不耐人推敲，任凭日赋万言也终鲜有听众。盖因听众及其所处的世界皆非一言所能摆布、糊弄、愚弄，远非长久之计。人及其所处的环境终会回归相信事实、相信真理的常态，所谓“精诚所至，金石为开”就是阐释叙事伦理的典范。所以，讲好中国故事，首先要讲中国的事实，讲关于中国的真理，以事实服人，以理服人。强词夺理，信口雌黄万不可取。

（一）创造中国真实的好故事

中国地大物博，历史悠久，人口众多，提取“故事”的要素十分丰厚，可资使用的“故事”资源甚多，质量却参差不齐。因此，在向国内和世界人民讲述中国“故事”时，必须突出真实性，使之成为全面、完整的中国叙事，秉持实事求是态度，不能弄虚作假。把中国故事都讲成好故事，好像中国没有

坏故事或否定中国有问题、有不足并不能起到正面效果；而弄虚作假，胡编乱造，违反事实，把不好的故事硬说成“好故事”，其效果只能适得其反。故事如果本身不好，纵有高超的叙事技巧、精妙的叙事构思亦是无力回天。

究其本质，当前国家对内对外宣传的宗旨和目的有待与时俱进。国内部分人士和机构认为宣传无论对内对外就是要表现正面内容，揭露负面内容或是对自己有所批评岂不是在白白糟蹋自己？其实，文宣产品要达到宣传的目的，其根基在于相关内容必须获得宣传对象的理解和认可。华山唯一路，只能讲真话，讲事实，讲真理，讲真实、可信的故事；而任何国家的故事皆难免存在揭示本国、本民族缺点、问题的负面内容。只有告诉国内外一个真实的中国，才会使国内外理解、认可“可信的中国”。否则故事编得再好、讲得再好，久而久之，也只能是使国内外民众认为中国是“制造假冒伪劣产品”、行“欺骗之风”的国家。长期以来，中国在对国内外民众、公众舆论宣传中或多或少存在这类问题，这与我们长期宣传工作中存在的问题有直接的关系。

比如北京和国内很多地方环境污染、雾霾问题严重，这是中国发展到这一历史阶段中必然出现的现象，各发达国家也曾先后经历相似的阶段。既然污染是事实就要承认，不可千方百计地否认。美国驻华大使馆数年前就重视这问题，定期发布北京市区 PM2.5 数值，国内外反响强烈。而相关部委却长期否认其污染数值，甚至批评、指责美国使馆，其效果如何，有目共睹。此外，在基本事实层面做假亦非长策。这种环境污染问题，国家社会正在努力解决，既然如此，依靠所谓“人造蓝天”掩盖问题并不会使世界信以为真。而类似这类生编硬凑的

“故事”不胜枚举，难以取信于人。除去短期效果外，此类“故事”对改善中国国际形象无甚助益，代价却十分高昂。如果总是如此，那么“中国故事”给世人的印象就只会是“虚伪、虚荣”，长此以往后患无穷。

（二）讲中国真实的故事，不讲骗人的故事，不否认、掩盖负面叙事

任何人或国家都不可能尽善尽美。中国在各个历史时期也会存在这样或那样的问题，有些甚至曾危及国本，这是无法改变的事实。既然不能改变，那就应实事求是，把事件完整地还原，以期告诫国人，警示世界。一味否认、掩盖或掩饰事实反而使人更加不信任，无从根除问题缘由，徒遗留“掩耳盗铃”之憾。

例如人权问题，数十年来国际上一经有人批评相关问题，我们就会怒气冲天，愤愤不平地否认；政府几乎每年都会发表“人权白皮书”，宣传取得的成就。问题、不足没必要否认。正确的讲法、做法是当别人批评时，中国可以坦诚地承认工作中存在的不足，同时说明政府应对此类问题所采取的措施、行动，凸显改善人权状况的决心。如此实践，各国政府、人民都会接受和认可。不承认自己有问题，非但不能获得他人相信和认可，反而暴露出自身的问题和不自信。

此外，我们的内外宣传还经常有意地逃避“叙事”，不愿谈及理应由我方提出的，国内人民关心的，国外报道、评论的“中国故事”；或为了内政外交的某些需要，无视这些“故事”的存在。结果在别人大讲“中国故事”时，唯有我们中国自己

不讲，直到陷入被动，坐视他人占领舆论阵地，主导舆论发展方向。如2014年底发生的朝鲜士兵在延边地区非法入境，抢劫和枪杀4名中国边民事件。这当然是事关国人生命财产安全的重大叙事，是备受国人关心的“故事”。然而，在“故事”发生一周多后，才由与此案不相干的韩国媒体报道出来。国内外并不清楚是出于什么原因，把公众早应知道的消息拖了这么久。“中外纠纷大多由外方或者第三者披露，中国各有关部门和主流媒体不应对此习以为常，甚至认为这是我们处事严谨、有原则的表现。中国各级政府机构需要有所作为，中国主流媒体也亟待提高公信力，但上述做法只会南辕北辙，客观上推生了外部信息机构的强大……中国不断强调要加强舆论工作和对外传播能力的建设，但如果不能切实提高叙事陈述主动性，实现上述任务将是一句空话。”[①]《环球时报》这篇社评的题目是《别让韩媒告诉我们朝鲜逃兵进了中国》，讲出了至今仍存在的我们“不讲故事”，不讲对我们不利的故事、负面故事的“顽症”,[②] 其后续效果值得反思。

长期积累下来，中国“叙事”亟需努力解决的问题很多。如果政府一直对国内外只讲自己的好故事，不讲在中国发生的、国内外关注的其他方面的故事，试问谁会相信那些“中国故事”？只说自己好，不说问题和不足，别人只能认为你讲的故事是片面的、不全面的；甚至影响那些本具感染力的“故事”失去魅力，听众在听到中国政府、官方媒体讲的好故事

① 社评：《别让韩媒告诉我们朝鲜逃兵进了中国》，《环球时报》，2015年1月6日，第14版。

② 社评：《别让韩媒告诉我们朝鲜逃兵进了中国》，《环球时报》，2015年1月6日，第14版。

时，立刻联想起中国媒体“没有讲的坏事”，进而限制了外部宣传效果。有鉴于此，中国理应好坏故事并讲使人信服，进而使外界对中国做出全面、正确的判断。

实际上，以上叙事问题也违背了中华民族渊源流传的道德标准。中国人一直讲做人要谦虚谨慎，力戒王婆自夸，自吹自擂。如果一味把自己说得如何好，只能使人反感，不接受、不认可所讲的“中国故事”。

稍加梳理，不难发现只讲有利于自己的“好故事”，不讲自己的“坏故事”的片面叙事方法给中国外交和国际形象带来了极大的危害。如2003年爆发的“非典事件”。相关病毒给人民生命带来极大的危害，作为维护公共安全的政府本应立刻全力应对，动员社会和民众一起抗击疾病。因惯于“报喜不报忧”，导致广东、北京等地方政府及卫生部，在“非典”到来初期回避事实真相，不向中央和社会公布真相，不给民众真正的信息，结果使非典迅速传播，造成了更大的人民生命财产损失，也遭到了国际社会的批评和指责。甚至与我国相对友好的新加坡等国领导人也严厉批评中国政府没有及时公布和应对“非典疫情”，结果导致疫情向亚洲其他地区扩散。这种做法不仅给国内人民生命财产造成重大损失，造成极大的恐慌，也给中国的国际形象和声誉带来巨大的危害。嗣后，中国政府每日如实公布疫情，社会和民众反而迅速安定下来，与政府一起有条不紊地应对疫情、战胜疫情，国际上对我们之后的做法给予了认可和支持。

又如，中国大陆飞机晚点问题。飞机因为各种原因晚点在全世界屡见不鲜。但在国外、境外飞行（笔者20多年来平均每月在国外、境外飞一个往返）晚点时，机场、航空公司都会把晚点的真正原因及时、明确告诉乘客，大家在了解真相后大多理解晚点的原因，安静、耐心等待。但在中国，飞机不但经常晚点，而且机场、航空公司极少把晚点的真正原因告诉乘客，动辄托词“空中管制”或“航路天气原因”等无法查实的“理由”告知乘客。而根据国家民航总局每年实际总结，由于空管和天气导致国内晚点的班机不到全部延误飞机总数的一半，更多的原因是航空公司调度失灵所致，以致一班晚点殃及整个航线航班，并易引发机械故障。[①]

二、语言话语：要讲好，讲事实，令人接受和信服

不仅叙事内容重要，叙事形式亦应受到重视。长期以来，中国在国内外没有讲好中国的故事，一部分原因是我们的故事本身就不够好，另一部分原因则在于有很多是我们没有把“好故事”讲好。与他国相较，中国尽管在宣传方面投入众多人力、物力、财力、精力，宣传部门占据地位也相对较高，但长期以来事半功倍，全力宣传的东西不但境外、国外人民多数不信，自己的民众信服程度也大打折扣。

（一）中文和外文：孰为主次？

毋庸置疑，故事叙述离不开语言的运用，采用何种语言叙事也是一个重要问题，这取决于故事、语言的听众、受众对象。

对中国人讲“中国故事”，考虑到传播对象特性，当然是

① 白天亮：《明天还飞不飞》，《人民日报》，2014年8月11日，第19版。

要使用中国的语言文字为宜，必须要使用有说服力的、形象的、深刻的、优美的文字去讲述国内故事。

但当听众、受众主要是外国人时，则除要考虑中文母语外，还必须考虑、重视相关外语的问题。既要使故事用中文讲好听，也要考虑用来阐释且翻译的外文必须能吸引他人，能为他者理解，能达到表达的目的。

到目前为止，中央政府领导人在对外讲话时，中文发言水平有目共睹，“中国故事”讲得是比较清楚明确，甚至可谓文采飞扬、才华横溢。然而，需要注意的是同样的故事、同样的话，中文讲起来很好，翻译成外文是否能够达到和达到了预期的效果？如果外文、翻译成外语的效果不如中文原文好，那再好的中文表达对外国听众来说亦是无甚大用的。

因此必须明确，如果对中国听众讲“中国故事”，必然以中文为主；但如果主要是对外国人叙述“中国故事”，则必须顾及相应的语种，必须考虑、重视翻译成外文的效果，甚至在文稿表述中要以外文及其传播效果为主。

当前，很多政府工作人员精心准备的重要讲话没有达到应有的效果。首先，部分国家对中国存在信任问题，对中国的好话、好故事存在疑虑；其次，中文文稿翻译难度较高，或者在外文中没有对应的理解语境。所有了解、学习外语的人都知道，不同语言间存在着一些无法通过翻译表达的文化要素，没有能完全对应的词汇。如我们中国领导人最近几年对非洲讲“真、实、亲、诚”、在亚洲讲“亲、诚、惠、容”、讲正确的“义利观”，这些都非常好、非常深刻，富有哲理，表达了中国的真诚理念。目前，中国面临的挑战是如何把这些深刻的中国哲理、理念完整、精准地翻译成外文，使这些积极、深刻的中国理念为外国人理解、接受、认可。

又如，中国很多领导人、政府官员对外讲话中愿意使用成语、典故、诗词，凸显其对中国传统文化修养，令国人钦佩、感动和印象深刻，在国内反响强烈。然而，好的讲演、好的故事翻译成外文则大打折扣，中文正面效果彰显有限。究其原委就是语言差异所致。中文的成语、典故、诗歌，很多外文中没有完全对应的东西，翻译成外文就变成平平淡淡的叙事了，甚至有些不伦不类、不中不外，成为令人难于把握，根本搞不懂意思的病句。

把莫言小说翻译成外文的瑞典翻译家、文学家就曾明确指出，中国文学作品、文化在世界影响力不够的原因之一就是中国文学作品中大量使用成语。他认为大量使用成语妨碍了外国读者对中文作品的理解，因为外国人根本搞不懂这些成语在说什么，结果是适得其反。这里强调的并不是在对外讲话中成语、典故、诗词不能用，而是在使用时要同时考虑翻译成外文的效果。以此为准绳，没有办法翻译好的内容宁缺毋滥，否则其效果只能是自娱自乐。

要向外国人、向世界讲好“中国故事”，就不能只想着用中国语言表达，要同时考虑和重视同样的意思在外文中会怎样，主要观点的外文词对应者为何，能否做到中外表达同样到位，准确、深刻且能有力地传递中方的观点，不能仅满足于中国人听了能懂、能清楚明了，更不能只要中文表达好就沾沾自喜，甚至洋洋得意，毫不考虑国外受众感受。换而言之，要讲好“中国故事”，也要像对中国听众的要求一样，令外国听众对我们讲的“中国故事”“入耳、入脑、入心”，否则就是白白浪费国家的资源、人力、物力、财力和机遇期。这是对一切涉及外交、外事的政府工作人员、媒体、专家学者的共同要求。

这方面我们少数政府官员、专家学者和媒体做得较好，多数做得不够。仅举一个最近的实例：据《环球时报》2015年1月30日报道，国防部发言人在新年首次例行记者会上，针对外界对中国正常军事活动指手画脚进行驳斥时说："我感到国外有个别人士热衷于炒作中方正当合法活动，也是'蛮拼的'。但是这种拼劲是无法让人'点赞'的。"①

熟悉情况的人都知道，国防部发言人回答中所使用的"蛮拼的"、"点赞"是习近平主席在2015年1月1日发表的《新年贺词》中使用的话语。习主席说："为了做好这些工作，我们的各级干部也是蛮拼的。当然，没有人民支持，这些工作是难以做好的，我要为我们伟大的人民点赞。"②

习主席这段话应当得到所有读者的赞扬。因为他用最通俗的语言（"蛮拼的"）表达了对广大干部一年来辛勤工作的肯定，体现了最高领导人对广大干部的工作的肯定和关爱；同时用流行的网络语言（"点赞"）表达了对人民的赞扬。数十年来，中国领导人较少使用口语和网络语言，叙事多以四平八稳为主。习主席所使用的话语表明了我国最高领导人平易近人且朴实的文风，身体力行地贯彻党中央倡导的反对"四风"的精神，使每个中国人感同身受。

但照搬习近平主席谈及国内工作时肯定、赞扬的原文，回

① 郭媛丹、马俊、叶贝茜：《国防部开年回应多个"敏感话题"》，《环球时报》，2015年1月30日，第3版。

② 新华社：《国家主席习近平发表2015年新年贺词》，《人民日报》，2015年1月1日，第1版。

应国外对中国的攻击，即便使用者初衷在于提高语言幽默程度，却也显得不合适宜，“驴唇不对马嘴”，效果并不好。长期以来，外国特别是西方舆论对中国批评、攻击司空见惯，谈不上拼与不拼，媒体对此“蛮拼”亦是履行自身责任，没必要用不寻常的词汇去说明或揶揄。这些西方媒体和官方在制造那些舆论时，根本就没期待获得中国方面“点赞”。所以说得不得到“点赞”对他们没任何意义，因为人家也根本没想、也不重视这一点。与其用这些不合适宜、幽默不起来的话，还不如用些有力的词汇和事实回击哪些站不住脚的攻击，反而会使真相更清楚，中国立场得到更好的阐述和说明。我们在讲“中国故事”时一定要清楚，针对不同问题和对象所讲的“好话”并非放之四海而皆准。对外宣传还是要根据具体问题和对象，事实求是地讲自己真实、有力的话，不要热衷于模仿，或盲目采用流行语言以致东施效颦而浑然不知。

（二）语言和方式：要用通俗、直接、具体、实际、平等的语言，防止假话、大话、空话、套话，防止说教、死板式的语言

讲好中国的故事，语言要力求直接、简单、明了，简简单单才能返璞归真，简单、简约的语句其实充满力量。内外宣传要使用普通的、大家能听得懂、容易理解、印象深刻的语言去说明重大、严肃的问题。众所皆知，“把深刻的事情简明化是技高一筹，把简单的事情弄复杂是庸人自扰”。中国叙事要避免使用隐晦、复杂、多面、混淆的语言，包括更多的专业词汇，提高可读性。

实际上，国内很多有识之士业已认识到这一问题，如《环球时报》2015年1月27日就发表了中国国际交流中心副理事长魏建国的文章，建议“不要动辄使用军事术语”。他强调不要把一些军事术语用在对外工作上去，比如：对内，谈及上海自贸区建设好似“工兵探雷”，要有牺牲的准备；对外，一些媒体和地方政府宣扬要打造中国经济的“桥头堡”却难获认同，部分人士甚至放言要做进入俄罗斯的“排头兵”，或者要把希腊作为进入欧洲的“跳板”，这些说法都难以获得好评。因为在双方沟通不足、了解不深的时候，这样说容易造成误解。①

叙事内容、方式尤为重要。外国人以及海外华人、华侨对中国电视节目“呆板”印象深刻，不但新闻节目内容多以报道领导人活动和讲话为主，报道的形式也古板、过于正式，不正常、不亲切、不友好，给人以说教、高高在上、拒人万里的感觉，自然就受到观众排斥。实际上中国新闻节目更多在“报道”新闻，而境外节目则是在“评说”新闻，给人以亲切感，使观众、听众愿听、愿看。曾任《纽约时报》驻外记者的博好文就称，中国新闻媒体受控特征及主持人的“古板、委婉”表现风格，自然成为中国新闻媒体在世界不受欢迎的问题之一。②中国人如果总是这样去讲“中国故事”，在国内外只会鲜有好评。谁愿听一个刻板的人讲故事呢？

中国社会科学院新闻与传播研究所孟威指出，中国固守既

---

① 魏建国：《别动不动就使用军事术语》，《环球时报》，2015年1月27日，第15版。

② 布利·冯，王会聪译：《中国电视剧努力走入非洲人心里和电视里》，《环球时报》，2015年1月9日，第6版。

有传播思维，对受众需要和接受心理不甚了解，使得中国媒体在不同文化理念的公众面前缺乏针对性和可读性，造成我们对外传播特色不足，缺乏吸引力，难以达到理想效果。因此，要学会用世界的语言讲中国的故事，也要学会用中国的语言讲世界的故事；要把“讲故事”和“讲道理”结合起来，而不是依靠话语的强势生硬推销；要善于用生动的表述，而不是照本宣科、僵化的宣教。[①] 林伟也提出，加大对外文化传播，需要结合国际现状，从实际出发，以更具亲和力的方式表达。“中国故事”要通过“国际方式”表达出来才能被世界接受。[②]

当前，在使用通俗、直接、易懂、易接受的话语方面，习近平总书记不但号召“文风革命”，而且身体力行为全中国做出表率。上海交通大学出版社 2014 年出版的《平易近人——习近平的语言力量》一书，总结了习总书记的语言、话语风格。《文汇报》的编者按指出：综观习近平总书记的系列重要讲话，不难发现，他常用打比方、讲故事的方式阐释深刻的道理；用大白话、大实话等俗文俚语来释疑解惑；用中国优秀传统文化元素来提纲挈领、纵横捭阖。习总书记的语言，平实中蕴含着大智慧，更有一种透彻、直指人心的力量。比如，“打‘老虎’、拍‘苍蝇’”、“把权力关进制度的笼子”，既形象又深刻，引发群众普遍正面反响。“打铁还需自身硬”、“有话要放到桌面上来讲”，简洁到位，生动有力。《文汇报》还引用了习主席几段经典言语显示出简洁、直接、通俗话语的力量和效果。

---

① 孟威：《构建全球视野下中国话语体系》，《光明日报》，2014 年 9 月 24 日，第 16 版。

② 林伟：《多管齐下讲好“中国故事”》，《光明日报》，2014 年 12 月 23 日，第 2 版。

2013年3月1日，习近平在中央党校建校80周年庆祝大会暨2013年春季学期开学典礼上的讲话中说："学史可以看成败，鉴得失，知兴替；学诗可以情飞扬、志高昂、人灵秀；学理论可以知廉耻、懂荣辱、辨是非。"3月22日，习近平在访俄期间会见中国驻俄使馆工作人员和中资机构代表时的讲话中说："我不是痛并快乐着，是累并快乐着。"7月11日，习近平在看望河北省正定县塔元庄村干部群众时的讲话中说："这里我很熟悉，当年下乡就骑自行车来。今天就是来听大家的，看看乡亲们，接接地气，充充电。"① 这些叙事都集中体现了习主席的叙事风格，极具感染力、亲和力，令人印象深刻。

国务院新闻办主任蔡名照就认为："习近平善于讲故事。深厚的文化沉淀和丰富的生活阅历，形成了他真诚坦率、平实生动的文风。"② 这种文风是与国内外交流、向国内外讲好"中国故事"时必需的、有益的、能达到效果的。

（三）讲好"中国故事"也给中国的外语教学、翻译人员、外事工作者及工作提出了更高的要求，即用中外文讲好"中国故事"

对世界讲好"中国故事"最终还是要通过外文的形式体现出来，作为学习、使用外语的中国教师和学生及其他工作者，承担着在语言方面讲好"中国故事""最后一公里"的工作和使命。我们毕竟不能要求领导人、政府官员和机构都精通外

---

① 编者：《〈平易近人——习近平的语言力量〉精彩内容选登》，《文汇报》，2014年11月20日，第9版。

② 蔡名照：《习近平讲话让世界了解中国》，《南华早报》，2014年10月8日。

语，都可以用极漂亮、到位的外语去讲好中国的故事。字斟句酌绝非领导人所承担的职责，而外语教学、研究者则是把领导人和政府、社会讲得较好的“中国故事”翻译好，向世界介绍好的一线工作人员。因此，外语专业的学生、教师、翻译和其他工作者及机构，一定要奋发图强，用讲好“中国故事”、促进中外理解和交流的使命要求自己。不但要学好、掌握好、运用好外语，而且要对语言对象国的历史、地理、文化、政治、经济、社会、风土人情有深入、扎实、真正的了解，与政府和社会一道，向世界讲好中国的故事，提升中国的国际形象，促进中国和世界的发展和进步。

20 世纪初，林语堂在国外讲“中国故事”就做得非常成功，值得现在其他中国人，特别是学者借鉴。林语堂的大量英文著作均属创译一体化的“文化变译”之作。自 30 年代起，林语堂以其特有的“文化变译”方式向西方读者展示了一个全面的中国。他在国外的英文讲演集《吾国与吾民》一直是世界上介绍、说明中国的经典之作。林语堂的“作品在中西文化交流史上所产生的影响，甚至比那些忠实于原文的直译作品影响更大。这是因为林语堂顺应了当时社会环境的需要，在译介中国文化时，所选择的文本基本符合西方文化的各种规范，能够满足当时西方人的文化心理要求，并采取了相应的变通手段和策略。也就是说，他用了西式话语来讲述中国的‘京华烟云’”。[①] 在 21 世纪中国崛起、融入国际社会的今天，我们需要更多的林语堂。

---

① 周铁东：《文化变译，影视传播的有效手段》，《人民日报》，2014 年 9 月 1 日，第 23 版。

话语实践与文化安全

——中国参与国际人权机制的个案研究[*,**]

本文认为，在中国参与国际机制的过程中，寻求文化安全是重要的动力来源之一，特别是在参与社会文化领域国际机制的互动中，中国的文化安全诉求表现尤为明显。文化安全诉求主要通过话语实践、遵约实践和创新实践来表达，其中话语实践是最根本的表达方式。以中国参与国际人权机制为例，话语实践经历了从否定到肯定，从活跃到稳定的发展变化，这个过程其实就是中国通过参与国际机制寻求文化安全的目标实现过程。

一、文化安全的研究层次问题

在中国，文化安全研究兴起于20世纪90年末，2003年以

* 本文是中国政法大学人文社会科学研究项目“中国外交的国际体系战略定位研究”（11ZFQ81002）的阶段性成果。

** 作者：李晓燕，中国政法大学政治与公共管理学院副教授，国际关系学博士；王谊茜，中国政法大学政治与公共管理学院国际关系专业硕士研究生。

前主要是在传统安全研究的框架内，“更多考虑的是国家整体文化的安危，比如国家核心价值观和主流政治意识形态的稳定性和国内普遍认同，国家在国际新闻媒介秩序中的传播权和话语权，国家在世界性重大问题上的发言权和影响力等”[①]。2003年以后逐渐进入了非传统安全研究的框架，更关注“人的安全”（Human Security）和“社会安全”[②]，迄今已经产生了相当全面系统的研究成果。[③] 但是这些研究存在一个明显的问题是仅仅在“国家—国家”关系层面界定文化安全，因此往往认为个体国家的文化安全面临来自于某些强大国家的直接威胁，要维护文化安全必须通过与具体国家的文化攻势相抗衡来实现。这样产生的一个矛盾是，“文化安全”虽然是非传统安全议题，其实现方式却与传统军事安全的实现并无二致。之所以出现矛盾，本文认为，就是因为仅仅在“国家—国家”层面界定文化安全，而忽视了“国家—体系”层面。事实上，个体国家面临的文化安全威胁很少像传统军事安全一样是紧迫的生存威胁。国家文化安全的获得也很难通过与任何具体国家的对抗或者利益市场交换方式来实现，而是要通过与主流国际文化体系的互动来实现，只有在文化规范层面与主流国际文化体系建立了彼此认可，个体国家的文化独立性才能得到保障，文化安全才能得到切实维护。也正是在这个意义上，文化安全才能被

① 潘一禾：《国家文化安全的非传统研究》，载《文化艺术研究》，2011 年第 2 期，第 2 页。

② 潘一禾：《国家文化安全的非传统研究》，2011 年第 2 期，第 2 页。

③ 戴晓东：《文化安全的三个辩证关系》，载《社会科学》，2011 年第 8 期，第 38 页。赵子林：《近年来国家文化安全研究的回顾与思考》，载《兰州学刊》，2011 年第 2 期。苗志娟、贾友军：《近 5 年来国内学术界关于文化安全问题研究综述》，载《重庆社会主义学院学报》，2011 年第 4 期。

定义为“人们认为自己所属‘国家—民族’的‘基本价值’和‘文化特性’不会在全球化大势下逐渐消失或退化的‘安全感’”①，这也是在非传统安全框架内研究文化安全的基础。

“当代国家的文化不安全感并不仅仅是全球化时代发展中国家和落后贫穷国家的特有，全球化促成的频繁国际交往，使得当代的所有国家都程度不同地感到了文化‘不安全’。”② 换句话说，实现与国际体系的“主体间承认”（inter - subjective recognition）其实是文化安全的内在属性之一，这种属性在全球化背景下表现尤其突出，只不过在文化安全研究中没有得到应有的关注。究其原因，很大程度上可以归结于国家主体中心理性主义在国际关系研究中的强势地位，特别是关注个体国家与国际体系互动关系的研究在过去的30年间一直是被国家主体中心的理论解释所主导，并没有突出发展适用于文化安全研究的专属解释工具。

从1984年罗伯特·基欧汉的《霸权之后》发表以来，对个体国家与国际体系互动关系的关注发展成为自由主义和建构主义的重要研究议程，互动主要体现为个体国家对国际机制的参与以及国际机制对个体国家的塑造，两种理论对互动发生的行为动力提出了不同的解释。自由主义的基本假定就是国际社会由理性国家组成，作为理性行为体的国家通过“成本—收益”核算后选择参与国际机制，国际机制对个体国家的塑造也主要体现为让国家变成理性行为体，这显然是最典型的国家主体中心理性主义理论。

---

① 潘一禾：《文化安全》，浙江大学出版社2007年版，第28页。

② 潘一禾：《文化安全》，第29页。

建构主义对于个体国家与国际机制互动关系的研究关注的是互动过程中文化、身份和规范的作用，具体说来，“社会化”是最核心的解释。以江忆恩的《社会国家》[①] 为例，他以中国参与国际机制的数量增加为案例，证明了中国逐步接受体系规范是一个“社会化”的过程，因为被“社会化”，中国成为体系内国家。“社会化”本身虽然是一个接受体系规范的过程，但是个体国家的行为动力究竟是物质追求还是文化追求？江忆恩的研究本身并不能予以充分证明。甚至可以说，他研究的时间段内中国参与的国际机制其实是以便于“成本—收益”核算的政治经济领域为主的，并没有从根本上挑战国家主体中心的理性主义解释，中国参与国际机制的行为动力完全可以被理解为一种“功利”追求[②]。玛莎·芬尼莫尔的研究[③]从另一个方面解释了个体国家与国际体系的互动，认为个体国家在参与国际机制的过程中被机制的规范教授行为所塑造，国际规范的传播取决于机制的主动教授，表面看起来这是从体系层面开展的研究，回避了国家主体中心理性的问题，但是体系能否成功教授规范无疑还是要取决于被教授对象——个体国家的学习行为。

由此可见，无论自由主义还是建构主义，在对个体国家与国际机制互动关系的研究中都只是立足于互动的一个方面，并且以国家方面为主，几乎不予考虑“国家—体系”的主体间互动。这些研究忽略掉“主体间性”虽然换来了理论的简约，却

---

① Alastair Iain Johnston, *Social State: China in International Institutions, 1980 – 2000*, Princeton: Princeton University Press, 2008.

② Ann Kent, *Beyond Compliance: China, International Organizations and Global Security*, Stanford, California: Stanford University Press, 2007.

③ ［美］玛莎·芬尼莫尔著，袁正清译：《国际社会中的国家利益》，上海世纪出版集团 2012 年版。

也因此陷入了文化研究难以逾越的困境，因为“主体间性”是文化的内在属性[①]。在社会文化领域，个体国家与国际机制的互动是一个主体间过程，个体国家参与国际机制，国际机制塑造个体国家，双方能否形成“主体间承认”是互动能否持续的关键，而只有互动越持续，个体国家才能获得稳定的文化安全，这是国家积极参与社会文化领域国际机制的根本动力。也正是为了追求这种“主体间承认”，个体国家才会在参与社会文化领域国际机制的过程中摆脱国家主体中心理性的“成本—收益”核算，旨在实现体系层面的文化安全。

二、话语实践与体系内文化安全

“主体间性”是当代哲学消解一元主体，用对话理性、交往理性取代主体中心理性的基础性论题，是一个普遍的哲学问题。[②] 自20世纪在西方哲学领域兴起以来，迅速渗透到语言学、社会学等其他学科研究中，已经产生深刻影响并且得到普遍认可。但是，在国际关系研究中，“主体间转向”的特征尚不明显，除了少数学者在文章中使用“主体间”概念[③]，系统的研究还十分匮乏。事实上，个体国家与国际体系互动获取“主体间承认”进而实现文化安全的具体过程主要表现为参与实践的阶段性发展。所谓“参与实践”是指实践者在一定时空

① 秦亚青：《权力、制度、文化》，北京大学出版社2005年版，第172页。

② 宋雅萍：《论主体间性》，载《马克思主义哲学研究》，2008年版，第198页。

③ 秦亚青：《主体间认知差异与中国的外交决策》，载《外交评论》，2010年第4期。李少军：《论主体间世界》，载《国际观察》，2010年第5期。朱立群等：《中国参与国际体系进程与实践》，世界知识出版社2012年版，第9、324页。顾强：《欧盟对华决策中的主体间认知差异评析》，华东师范大学2012届博士学位论文。

条件下参与国际体系过程中的言语、行为活动[①]，一般包括“话语实践”、“遵约实践”、“创新实践”，并且三种实践类型会随着参与实践的深入发展而渐次出现。话语实践是最根本的参与实践类型，它在个体国家与国际体系互动的初始阶段即出现，并且随着参与进程的深入而日益活跃，以至于发展到言语和行为难以严格区分的程度，即“遵约实践”最为活跃的阶段，“话语实践”往往可以等同于“遵约实践”，是“遵约实践”的一种重要表现。当“话语实践”和“遵约实践”为标志的参与体系进程发展到一定水平时，个体国家会对体系加以塑造和改革，也即通过“创新实践”影响体系本身的发展。然而，即使是这一阶段，“话语实践”也仍然是重要的实践类型，创新也包括话语的创新，并且很大程度上要依靠“话语实践”来实现创新。由此可见，“话语实践”是个体国家参与国际体系获取文化安全最基础的实践类型，它能充分反映个体国家与体系互动的水平和实现文化安全的程度。正因如此，本文希望将其作为核心变量加以考察，旨在发现在个体国家参与国际体系的互动中是否存在明确的变量关系，即“话语实践”反映文化安全的水平，二者随参与进程的推进呈正相关增长。

“话语实践”是实践者界定利益、赋予意义、框定认知的一个实践进程，是一个“使主体观念变成主体间观念的过程”。[②] 语言作为社会生活的一个基本行为，不仅影响真实的存在，更重要的是一种实践，通过把这种实践所谓的“现实”变

---

① 朱立群等：《中国与国际体系：进程与实践》，第11页。

② 黄超：《说服战略与国际规范传播：以地雷规范和小武器规范为例》，外交学院2009年博士学位论文，第22页。

为存在，即把所说的内容变为真实存在的东西。[1] 对参与国而言，任何领域的国际机制都是一个需要了解的新鲜事物，通过接触首先要界定和言说这个机制，要权衡参与机制的成本和收益，还要赋予参与行为合法性。这些目标都要通过“话语实践”来实现，同时也以“话语实践”推进参与机制的进程深入。也就是说，在参与国际机制的初级阶段，“话语实践”主要表现为界定和言说国际机制，说明参与机制与文化安全的关系以及参与的必要性。实际参与机制后，随着参与进程的深入，个体国家的言语和行为都受到机制的影响和塑造，遵守机制规范一方面需要成本，另一方面也会带来收益，其中包括文化安全的收益，这种“成本—收益”的关系也要通过“话语实践”来澄清。发展到参与机制的高级阶段，不仅参与国家受到机制的塑造，往往还会反过来对机制本身产生深刻影响，把自身的文化规范上传给机制并且获得认可，这一过程的“话语实践”往往表现出较高水平的文化安全和文化自信，进而在这一阶段的“话语实践”也就趋于稳定，不再是最为活跃的参与实践类型，换句话说就是参与行动超过了话语。

三、中国参与国际人权机制的话语实践分析

国际人权机制可以说是当今世界社会文化体系中的一个典型制度领域，其关注主题、涉及范围和发展历史都能够相当全面地反映现代国际社会在“人的生存与发展”——这一社会文化的核心价值层面的规范形成和作用状况。现代国际社会对

---

① 孙吉胜：《语言建构主义》，上海世纪出版集团 2008 年版，第 31 页。

“人权”问题的关注始于第二次世界大战以后，这个历史起点恰好与新中国的成立和参与国际社会保持一致，因此，考察中国参与国际人权机制的实践过程尤其能够充分反映中国参与社会文化领域国际体系的进程。

具体而言，我们可以将中国参与联合国国际人权机制的过程分为四个阶段：1949—1970 年，1971—1980 年，1981—1990 年，1991 年至今。之所以做这样的划分是基于把经社理事会下属人权委员会（2006 年后被联合国大会直属人权理事会取代）视为联合国核心人权机制的假定。尽管如前文所介绍，联合国系统内的主要人权机构还包括联合国大会第三委员会、专门性国际人权公约委员会、联合国人权事务高级专员办公室等部门，但是就参与的广泛程度和影响力而言，人权委员会无疑才是最核心的联合国人权机构，与该委员会的互动才能够反映中国参与整个联合国人权机制的情况。中国参与联合国人权机制的阶段性变化特征也正是以加入人权委员会为标志点体现出来的。

（一）1949—1970 年：话语实践的不确定性与低水平文化安全

新中国成立后相当长的时间内，由于尚未恢复联合国合法席位，又是国际社会的新成员，中国基本游离于国际体系之外，与联合国接触的主要实践类型就是“话语实践”，表达对联合国机制的看法，界定中国与联合国的关系，而且这种表达在 1971 年之前多以负面评价为主，同时也表现出反复性和不确定性，这可以说是中国文化安全处于较低水平的典型体现。

新中国成立之初，中国政府迫切希望联合国成为自己的朋友，成为主持正义的国际舞台，并积极恢复在联合国的合法权利。[①] 1949 年 11 月 15 日，周恩来外长分别致电联合国秘书长特吕格弗·赖伊（Trivet Lie）和第四届联大主席卡洛斯·罗慕洛（Carlos P. Romulo），正式要求联合国“立即取消‘中国国民政府代表’继续代表中国人民参加联合国的一切权利”[②]。当时，美国政府在中国代表权问题上的立场也并不坚决。美国驻联合国代表格罗斯（Ernest A. Gross）曾发表声明指出，中国代表权是个程序问题，并认定对此不能使用否决权。然而，朝鲜战争的爆发最终促使美国对中国代表权问题采取坚决反对的立场。在 1951 年 11 月举行的第六届联合国大会上，美国以所谓“中国侵略朝鲜”为借口，操作大会通过决议，“延期讨论”中国代表权问题，并将这一决议延续达十年之久。[③]

面对这种形势，中国对联合国本身，对中国合法席位的恢复问题，以及对操纵联合国的美国都不得不给出了负面评价，增加了斗争色彩。1954 年日内瓦会议上，周恩来揭示中国代表权问题的实质在于：“不是中华人民共和国要求加入联合国，而是中华人民共和国参加联合国的应有权利遭受剥夺。因此，

---

① 除致电联合国秘书长、联合国大会主席、安理会外，中国政府自 1950 年 1 月开始，分别致电联合国粮食及农业组织、联合国教育科学及文化组织、联合国国际法委员会、联合国国际儿童紧急救济基金执行局等组织，要求驱逐国民党代表以恢复中华人民共和国权利，并先后任命张闻天为中国出席联合国首席代表、冀朝鼎为中国出席经济及社会理事会代表、孟用潜为中国出席联合国托管理事会代表等。上述外交举措充分表明了中国政府要求尽早恢复联合国权利的迫切心情。

② 《外交部长周恩来要求取消所谓“中国国民政府代表团”参加联合国的一切权利致联合国秘书长电》、《外交部长周恩来否认所谓“中国国民政府代表团”在联合国大会的合法地位致联合国大会主席电》，1949 年 11 月 15 日，载《中华人民共和国对外关系文件集（1949—1950）》第 1 集，世界知识出版社 1957 年版，第 85—87 页。

③ 赵磊：《建构和平：中国对联合国外交行为的演进》，九州出版社 2007 年版，第 82—84 页。

中华人民共和国的合法地位应予以恢复。”①

除了强调“合法性”，中国主张恢复联合国代表权问题的另一个重要前提就是坚持“一个中国”原则。这也是针对1961年第16届联合国大会之后美国阻挠中国的新手段而做出的新应对。1964年2月3日，在出访索马里期间，周恩来在谈到中国进入联合国问题时明确表态，“如果出现‘两个中国’，我们宁可不进联合国”，否则“等于我们承认台湾被割出去，承认美国占领台湾”，“我们就变成民族罪人，出卖领土”。②1965年1月1日，周恩来在接见港澳地区人大代表和政协委员时再次指出，“我们必须按原则办事，绝不允许有‘两个中国’，我们不能为进入联合国放弃原则。”③

诚然，以上外界干扰因素的存在是导致中国对加入联合国机制持抵触态度的重要原因，但是另一方面，从对自身的利益权衡来说，当时中国政府对加入联合国机制的紧迫性估计也不高，甚至认为不急于加入联合国有更大的好处。1960年1月毛泽东曾提出，“在三年、五年、十年内，对一切国际组织，毫不在乎，要美就我，我不就美。最后一定要美国服从我们。”④毛泽东认为新中国进入联合国，既要守规矩，又无太多实惠。“那么多规矩，令人难受”，不进联合国，没有什么损失；进联合国有一些好处，但说有很多好处就不见得。当然，“不管我

① 《在日内瓦会议5月20日会议上周恩来外长关于朝鲜问题的发言》，载《人民日报》，1954年5月24日，第1版。

② 《周恩来年谱（1949—1976）》中卷，中央文献出版社1997年版，第618页。

③ 余科杰：《反对侵略，捍卫主权——周恩来在台湾问题上与美国的斗争》，载《当代中国史研究》，1998年第2期，第54—64页。

④ 《在关于国际情况的一期简讯上的批语》，载《建国以来毛泽东文稿》第9册，中央文献出版社1996年版，第4页。

们进不进联合国，世界和平的责任我们是要负担的。我们不会因为不进联合国就无法无天，像孙悟空大闹天宫那样。我们要维持世界和平。”[①] 中国采取“不急”方针，是为了尽量剥夺美国的政治资本。因为美国拖的时间越长，欠中国的账就越多，美国必将在其国内和在国际舆论上越孤立。[②] 也就是说，在当时的中国看来，双边斗争的目标要高于多边合作的收益，以至于给外界造成了中国有意与国际组织“划清界限”，国家性格难以琢磨的印象。再加上后来“文化大革命”的消极影响，使一度支持中国的国家也有所退缩。而美国更获得了阻挠中国席位恢复的“正当性”理由。[③]

（二）1971—1980年：话语实践的批判性与低水平文化安全

1971年恢复合法席位后中国就派代表团参加了联合国大会，但是毕竟是长期游离于体制之外，中国对联合国系统内的语言和行为规则并不熟悉，不仅要一切从头学起，还要克服国内“文革”、国际“冷战”带来的各种干扰。因为把联合国视为第三世界国际斗争的舞台，所以“话语实践”方面多有批判的论调。

中国于1972年开始派团参加联合国大会和经社理事会会议，参与审议有关人权的议题，但当时仍然主要关注民族自决权问题。与前一阶段不同的是，中国开始把联合国视为第三世

---

① 《同斯诺谈台湾问题及其他》，载《毛泽东外交文选》，中央文献出版社、世界知识出版社1994年版，第451—453页。

② 《中美关系和中苏关系》，载《毛泽东外交文选》，中央文献出版社、世界知识出版社1994年版，第281页。

③ 赵磊：《建构和平：中国对联合国外交行为的演进》，第66、67页。

界国家赢得合法地位、开展反霸（反苏）和反美活动的场所。这种认识局限决定了中国这一阶段在国际人权机制中的话语体系过于狭窄，以表现斗争色彩为主而忽视了向世界介绍中国的人权观和人权事业的进展，因此不利于确立在国际人权机制中的积极形象，同样也很难与体系建立实质性的“主体间承认”，相应的文化安全水平也不高。

1971 年 11 月 15 日首次出席联合国大会时，中国代表团团长乔冠华的讲话中就明确指出，“中国支持一切被压迫国家争取独立自由、反对外来干涉、掌握自己命运的正义斗争，支持发展中国家维护民族权益，反对外来经济掠夺的斗争。”[①] 整个 20 世纪 70 年代，中国对国际人权的支持都是以支持民族国家与霸权做斗争，充分实现发展权利的形式出现的，比如，在 1974 年联合国第六次特别大会上支持发展中国家享有发展民族经济的充分权利；在联合国海洋法会议上加入发展中国家维护海洋权的行列；1979 年底，发展中国家在联合国大会第一次提出“发展权”概念时，中国立即响应，坚决支持；作为对 1978 年 12 月越南入侵柬埔寨事件的回应，1979 年中国首次派观察员列席联合国人权委员会，并在发言中指出，外国入侵是对柬埔寨人民人权最粗暴的侵犯，并积极推动人权委员会自 1981 年起在民族自决议题下审议柬埔寨问题。[②]

中国在这一时期对联合国的认识还停留在“论坛”阶段，即认为联合国只是一个能揭露超级大国霸权主义行径、反映发

① 田进等：《中国在联合国——共同缔造更美好的世界》，世界知识出版社 1999 年版，第 204 页。

② 田进等：《中国在联合国——共同缔造更美好的世界》，第 208 页。

展中国家呼声的论坛。对于联合国在人权方面的工作，中国把其消极因素看得太重，而对其积极意义认识不够，中国长期没有参加联合国人权委员会的工作，没有利用这一国际人权领域的重要组织宣传新中国成立以来在改善人权方面取得的重要进展和中国的人权观。[①] 这种在话语实践方面的不作为，很大程度上可以说是造成国际社会对我们存在误解并给出负面评价的重要原因。

（三）1981—1990年："话语实践"的积极性与文化安全水平的提升

1981年当选联合国人权委员会成员后，中国参与联合国国际人权机制的正式身份得以明确，相应的言行表现更加积极。作为积极遵约的"新成员"，中国的话语实践也以正面评价为主。由此前对人权问题的一概批评态度转变为有选择的批评，官方和非官方的话语都开始重新审视国家权利与人权的关系。[②] 这说明在参与机制的互动中，双方的"主体间承认"水平提高，中国在文化规范层面获得体系的认可，因此文化安全水平也随之升高。

与踊跃加入各类国际人权公约相对应，中国政府在不同场合积极表达对联合国人权文件的支持是这一阶段"话语实践"的突出特征。比如，1984年，《中英联合声明》载明：1997年对香港恢复行使主权后，《公民权利和政治权利国际公约》和

---

① 赵磊：《建构和平：中国对联合国外交行为的演进》，第110页。

② Allen Carlson, *Unifying China, Integrating with the World: Securing Chinese Sovereignty in the Reform Era*, Stanford, California: Stanford University Press, 2005, pp. 146 – 147.

《经济、社会、文化权利国际公约》将在香港50年有效。1986年联合国第41届大会上，中国代表团团长吴学谦外长就国际人权两公约通过20周年发表讲话，指出："两公约对实现《联合国宪章》关于尊重人权的宗旨和原则有着积极的意义。我国政府一贯支持宪章的这一宗旨和原则。"[①] 1988年纪念《世界人权宣言》通过40周年，中国外长钱其琛在联合国第43届大会上发言指出，《世界人权宣言》是"第一个系统地提出尊重和保护基本人权具体内容的国际文书。尽管它存在着历史的局限性，但它对战后的国际人权活动的发展产生了深远的影响，起了积极作用"。[②]

（四）1991年至今："话语实践"表达"主体间承认"以及高水平文化安全

"话语实践"其实是中国参与国际人权机制第四阶段开始的标志，随着参与机制的深入，中国政府在很多问题上的态度趋于明朗，观点取得突破。在一系列官方文件和国际场合中，中国的话语实践表达了高调、坚定的姿态和低调、务实的决心。[③] 中国领导人和政策分析者在人权问题上明确表达的多元

---

① 田进等：《中国在联合国——共同缔造更美好的世界》，第212页。

② 田进等：《中国在联合国——共同缔造更美好的世界》，第212页。

③ "话语实践"是第四阶段中国参与国际人权机制的基本实践类型，中国参与国际人权机制由被动转向主动的主要体现之一就是积极主动表达中国的国际人权主张以及向世界介绍中国的人权事业进展。然而，我们在这一阶段的分析中并没有系统列举话语实践的内容，主要是基于以下考虑：其一，话语实践的表现数量太多。单就人权白皮书来说，1991年以来中国政府就发布了30多个，中国领导人在各种国内和国际场合的相关公开发言也是这一时期积极话语实践的表现。其二，话语实践是基本实践类型，但并不是新出现的实践类型，只是内容上有所突破。其三，这一阶段其他更为突出的实践类型多以话语实践的形式出现，比如，遵约实践。综合以上原因，为了突出重点，我们在这一阶段对话语实践的分析就只是说明了话语实践内容上的新发展，而没有一一列举话语本身。

化观点（pluralistic views）也被认为是中国在人权问题上与国际体系接轨的突出表现。① 部分中国学者与国内外理论家进行的实质性辩论更是受到西方学者的关注。② 这当然是高水平"主体间承认"的发展的结果，中国与体系在文化规范层面实现了平等对话，体系内文化安全也趋于稳定。

第一，肯定人权的"普遍性"和"国际性"。以1991年《中国的人权状况》白皮书为例，白皮书在序言中开宗明义地指出，"享有充分的人权，是长期以来人类追求的理想……是中国社会主义所要求实现的崇高目标。"③ 这就肯定了人权的"普遍性"，并且强调这种普遍性是社会主义中国的内在要求和发展目标，也就是说中国在国际人权机制中的所有参与工作与中国自身的发展是一致的，高度肯定了参与国际人权机制的重要意义。白皮书第十部分"积极参与国际人权活动"中表明"中国主张在相互理解，求同存异的基础上加强人权领域内的国际合作"，"但任何国家实现和维护人权的道路，都不能脱离该国的具体国情，需由主权国家通过立法对人权制度予以确认和保护"。④ 这是在承认人权国际性的同时，强调参与国际人权机制的方式差异性和进程阶段性，表明了中国继续深入参与国

① Allen Carlson, *Unifying China, Integrating with the World: Securing Chinese Sovereignty in the Reform Era*, Standford University Press, 2005, p. 147.

② Stephen C. Angle, *Human Rights and Chinese Thought: A Cross – Cultural Inquiry*, Cambridge: Cambridge University Press, 2002, p. 4. Peter R. Baehr, Fried van Hoof, Liu Nanlai, Tao Zhenghua, eds., *Human Rights: Chinese and Dutch Perspectives*, The Hague: Martinus Nijhoff, 1996. Robert Weatherley, *The Discourse of Human Rights in China: Historical and Ideological Perspectives*, New York: St. Martin's, 1999, chapter 6. Ann Kent, *China, the United Nations, and Human Rights: The Limits of Compliance*, Philadelphia: University of Pennsylvania Press, 1999, chapter 5.

③ 国务院新闻办公室：《中国的人权状况》（1991年），第1页。

④ 国务院新闻办公室：《中国的人权状况》（1991年），第55页。

际人权机制的坚定决心和务实态度。

第二，在明确“普遍性”含义的同时，提出人权的发展具有“相对性”。1992年中国驻日内瓦人权代表范国祥大使在第48届人权委员会会议上提出，“保护人权的措施应当由三权国家根据其历史、传统和经济发展水平而决定。”这一主张在人权会上获得广大发展中国家的支持，为挫败西方反华提案奠定了基础。1993年以中国为缔约国之一的世界人权大会亚洲区筹备会议《曼谷宣言》第8条声明，“尽管人权具有普遍性，但应铭记各国和各区域的情况各有特点，并有不同的历史、文化和宗教背景，应根据国际规则不断重订的过程来看待人权。”1993年6月，中国代表团团长、副外长刘华秋在维也纳世界人权大会上表述了人权“相对性”的完整含义。他指出，“人权概念是历史的产物，同一定的社会政治、经济条件，同一个国家特定的历史、文化和观念密切相关。在不同的历史发展时期有不同的人权要求；处于不同发展阶段或具有不同历史传统和文化背景的国家，对人权的理解和实践也会有所差别。因此，不能也不应将某些国家的人权标准和模式绝对化，要世界上所有国家遵照实行。”[①] 此后，中国在诸多场合都声明要将人权的普遍性原则与各自的具体情况结合起来。这种观点主张不仅是中国在参与国际人权机制过程中的经验总结，也是代表广大发展中国家回应西方大国的人权压力，实现在国际人权机制中与不同国家沟通合作的重要基础。

---

① 中国联合国协会编：《中国的声音——中国领导人和政府代表在联合国系统重大国际会议讲话专辑》，世界知识出版社1999年版，第208—209页。

四、结语

通过对中国参与国际人权机制的过程追踪，我们发现，参与国家的话语实践与其文化安全水平密切相关。参与的初始阶段，中国的话语实践表现出很强的不确定性，反映的是脱离体系的个体国家文化安全处于较低水平。随着参与进程的深入，中国的话语实践发生由否定到肯定的转变，这说明参与实践给中国带来了体系内文化安全，文化安全水平不断提高。1991 年以后，随着中国参与国际人权机制新阶段的到来，中国的话语实践由活跃转向稳定，行动超过了话语本身，这正是体系内文化安全国家的正常表现，个体国家与国际体系的文化规范达到较高程度的“主体间承认”，因此在话语上趋于一致，话语实践也就不再是国家参与体系的突出实践类型。

由此我们可以得出结论，个体国家参与国际体系的话语实践密切反映其文化安全水平，这在国家与社会文化领域国际体系的互动中尤其表现突出，因此也证明了“国家—体系”层面文化安全的存在及其重要影响。

中国国际话语权的建构与提升

——基于国际政治的分析视角*

受国际环境、国家实力和内政外交等因素影响，中国的国际话语权更多体现的是一种话语权利，它与西方国家强调国际话语权是主导国际舆论的控制力和国际议程设置能力等强势话语权力不同。国际话语权是维护一国国家利益和实力地位的有效手段，然而在国与国之间国际话语权的争夺战中，中国长期处于被动局面。除了由于西方主导国际话语体系和话语评价体系，意识形态方面的分歧、偏见，文化隔阂和利益争夺驱使下的别有用心的舆论宣传外，与我国未能有效掌握国际通用话语、熟悉国际话语规则、提升话语质量和拓展话语平台有关。在此背景下，本文从国际政治中的建构主义分析视角，对国际话语规则、话语语境、话语意义等主要变量进行归纳总结和比较研究，更好地掌握国际通用话语并以此为载体传达真实的中国声音，扭转不利于中国的舆论导向，进一步建构和提升中国的国际话语权。

---

* 作者：陶莎莎，清华大学公共管理学院国际战略与发展研究所在站博士后。

国际话语权，对于国人来说是一个接触时间并不长但又急需解决的问题。当前中国在国际话语权问题上的相对弱势，究竟多大程度上损害到我国的国家利益，需要深入分析。本文从国际政治的分析视角，提出中国国际话语权的概念，进行中外国际语言、话语方面的比较研究，找出中国国际话语权中存在的问题，提出对策建议。

一、中国国际话语权的概念及现状

话语（discourse）起初是一个语言学的词汇，它来源于拉丁语“discursus”。在牛津高阶辞典中“discourse”指在演讲和写作中运用语言所产生的意义或者对语言的研究通常是为了了解一个文本的不同部分如何进行衔接。广义上指语言、含义、符号、认同、交往形式等；狭义上指运用中的语言。

在20世纪60年代，随着语言学转向的影响力在社会科学领域的不断扩展，后现代主义学者米歇尔·福柯提出了“话语即权力”的观点，揭示了话语与权力的相互作用关系，即权力制造话语，话语反过来对权力具有建构功能。在此基础上，皮埃尔·布迪厄进一步发展了话语与权力的关系，认为话语只有运用于实践中，才能真实地反映各种权力关系。后现代主义学者关于话语、知识与权力的理论，成为后来国际关系、国际政治中语言、话语和话语权研究的理论源泉。

国际关系的语言转向研究比较迟缓。直到20世纪80年代末，话语概念正式进入国际关系领域。20世纪80年代，后实证主义开始对语言发生兴趣，把语言及语言的应用和分析引入到国际关系学界。[1] 对国际关系语言转向研究的后实证主义，主要集中在建构主义和后结构主义。[2] 其中，建构主义强调语言的规范性对社会事实的建构，而后结构主义更注重国际关系文本的结构。[3]

话语权的概念进入中国学界的时间是21世纪初。中国国内学界关于话语权的研究，首先集中在中国国际话语权的本质属性问题上，即话语权是指话语权力（power）、话语权利（right），还是具有话语权力和权利的双重属性？笔者认为中国的话语权主要指中国对国际国内事务表达自己的立场观点、利益诉求和主张的权利和能力。首先，它是一种权利。维护这一权利需要力量，即实力。话语权的主体理论上应该是平等的，拥有表达自己话语，平等对话的基本权利。然而，现实世界里，话语权背后反映的是政治经济实力，也即国际政治经济格局和国际权力结构决定了国际话语格局。一般来说，大国、强国拥有较多话语权，西方国家由于长期把持国际政治经济主导权而获得了设定国际话语议程和规则的权力，处处对国际事务发号施令。小国、弱国在国际话语权领域处于弱势、失语的状态，很难为自己的各种合法权益辩护。当前，西强东弱的国际话语权格局并没有发生根本性改变。

其次，它是一种能力和影响力。它是指通过话语所包含的概念、逻辑、价值观、意识形态等因素来说服影响他人、他国按照自己的意志、意愿行动的能力。除了政治经济等硬实力外，

---

① Francois Debris ed.，Language，Agency and politics in a constructed world，NY：M. E. sharp，2003.

② 孙吉胜：《国际关系的语言转向与建构主义理论发展研究——以语言游戏为例》，载《外交评论》，2007年2月，第37页。

③ 孙吉胜：《国际关系的语言转向与建构主义理论发展研究——以语言游戏为例》，载《外交评论》，2007年2月，第40页。

话语权还包括话语在世界范围内被认可和接受的范围和程度，也即话语的效果。而中国国际话语权的提升并非随着我国国家实力的增强而自动提升，而是需要通过各种途径、渠道、方式将已有实力转化为影响力。具体来说主要包括话语语境、话语施行者、话语内容、话语对象、话语平台和话语反馈六个部分。

当前中国国际话语权的现状主要表现为：第一，国际话语语境总体来说不利于中国。由于中国经济的发展，东海、南海等现实利益之争和领海争端导致世界上一些国家歪曲中国的舆论宣传战外，也与我国的对外政策宣示和解释相对缺失有关，也就不能争取国外一些公众的理解和支持。第二，中国的话语施行者比较单一。主要是政府的声音，给国外公众和媒体等造成公信力不足的印象，也从某种程度上严重抵消了中国在话语权方面的努力。第三，中国的话语内容一方面过于强调中国特色和意识形态，这一话语体系所包含的理论体系、道路体系、形象体系和价值观体系，无不带有中国特色，普适性不强，认同感也就弱；另一方面，未能及时将中国具有民族特色的文化精髓、思想内核打造成优势话语而转化为国际主流话语。第四，中国的话语对象，过于偏重政府对政府，对民间、媒体、学界等各个领域的话语宣传有限，没有很好地做到区别对待，亟需通过公共外交的途径加强交流、增进了解。第五，话语平台、渠道、途径有限，但在不断进步。例如，央视推行了国际视频发稿平台，这一新的对外传播渠道既遵循了国际传媒通行的发布方式和发布渠道，又不用再借助西方的通讯社而直接到达目标国。[1] 开拓新媒体，实施媒体走出去战略。第六，中国

---

① 李宇：《探索国际话语权构建的渠道》，载《对外传播》，第21页。

的国际话语往往达不到预期效果。特别是研究如何构建一种新型的、符合中国国情又顺应世界形势的变化，并为国际社会广泛接受的具有一定“普世化”特点的外交话语，至关重要。

二、中西方话语比较研究

中国对话语权的研究起步较晚，主要始于新世纪，还处于学习的阶段。因而面对强势的、占主导性的西方话语时很难取得优势。这其中既有硬实力因素，也有学术滋养、长期经验积累等因素，需要中国贡献自己的学术概念和话语。与此同时，中西方之间的政治文化、历史、哲学等背景的差异，也导致双方在一些国际国内问题上的基本理念、观念存有差异，双方话语对话与交流出现不对等、不对称性。

第一，国际话语规则。以美国为例，由于美国拥有超出国际体系中其他国家的占绝对优势的国家实力，从而将自己的国家力量转化为对国际事务、国际体系和其他国际行为体进行干预乃至控制的话语能力。美国通过语言不遗余力地在国际上宣传自己的社会制度、民主政治、流行文化、意识形态等，构建主要是以“自由、民主、人权”等西方文明符号主宰的话语体系，在巩固自己的国际地位的同时，也塑造了国际机制和制度体系。[①] 当前的国际机制和制度体系主要反映了以美国为首的西方发达国家的国家利益、价值取向和巨大影响力，也影响着体系内的其他参与者处理国际问题的行为方式，反过来进一步

---

① 范红艳：《美国国际话语权的赢取及对中国的启示》，燕山大学硕士生论文，第15页。

巩固了美国的国际话语权。

中国从新中国成立后一个游离于国际体系边缘的体系外国家，逐渐成长为一个和平发展的负责任大国。然而在这一成长过程中，从“中国威胁论”、“中国崩溃论”，到“中国责任论”、“负责任的利益攸关方”，以美国为首的西方不断通过语言用他们的理解给中国定位，同时也引导着世界其他国家和地区对中国的“印象”。这一国际关系现实表明，对于后进入国际体系的中国来说，它更多的是对已有国际规则规范的接受和遵从，而较少对核心议程进行修改和设置。虽然中国的国际话语权有所提高，但在很多重要领域仍然缺少话语权、缺少议程设置权、缺少对现有游戏规则的再解释权。

第二，话语语境。话语对现实具有建构功能。建构性的话语观拓宽了国际关系学的研究视野，启发人们探究不同的话语如何建构国际政治的现实。话语背后反映的是不同的国家的认知和观念，使不同的国际行为体对同一国际问题具有不同的看法和评判标准，这往往不是因为他们对事物的认识不同，而是因为用以建构的话语体系不同。即使涉及同一对象，用不同的话语说出来也会含义大不相同。中西话语体系的差异主要在于双方不同的政治、社会、历史、哲学和文化背景，从而也造成了中西方关于国际关系的基本概念、战略思维存在深刻的分歧。

事实上，话语体系设定了对某些问题的认识底线，除非话语体系本身发生变化，否则观念就不可能突破这个底线。① 因此，我们有必要关注话语体系的差异，特别是话语体系背后的

---

① 范红艳：《美国国际话语权的赢取及对中国的启示》，燕山大学硕士生论文，第15页。

政治、社会、文化、历史差异甚至对立。例如，中国的“和平崛起”理论，提出了很久，对于崛起与和平发展理论，某种程度上是对国际话语权规则的一种遵守，然而遗憾的是西方国家或者是国际社会并不相信和认同中国的这一主张和良好愿望，认为中国等到真正发展强大起来后一定会用实力挑战美国的霸主地位。而中国认为，中国的传统文化和思维方式决定了中国一定会始终不渝地走和平发展道路。

第三，话语效果。国际话语权关系到一国的国际形象和国家利益的维护，因此，具备较强的话语能力和表达技巧，善于运用各种国际规则和国际法，就能在竞争激烈的话语博弈中抢占新制高点、掌握主动权。一个国家的话语权越大，它在国际社会的话语对象就越多，可资利用的话语平台和渠道就越广泛，它所表达的立场、观点和主张就能得到较大的反响、较多的拥护，它对国际社会现有制度、规则的意见和建议，就越能得到重视，就能起到应有的效果。由于具有对外传播、宣传的雄厚实力，西方国家通过英语这一话语工具，把特定价值观念、流行文化、社会制度等一整套话语体系源源不断地输送到世界其他国家和地区，形成了一个巨大密集的国际传媒网络。例如，美国人口仅占世界人口的5%，却控制了世界75%的电视节目的生产和制作，每年向别国发行的电视节目总量达30万小时。传播于世界各地的新闻，90%以上由以美国为首的西方国家垄断，许多发展中国家的电视节目有60%—80%的栏目内容来自美国。[①] 其他国家即使想了解中国也往往是通过这些

① 姜飞：《美国的传播霸权及其激发的世界范围的文化保护》，载《对外大传播》，2005年4月。

英语电台、报纸、媒体而获得对中国的认知，自然对于一些刻意歪曲丑化中国的报道就没有辨别力。一旦这种惯性思维形成，即使有关于中国的积极的正面的报道，也往往影响力较小。

美国作为世界上最强大的国家，拥有众多最好的大学和极高的学术水平，在国际政治学领域的基本概念和主要理论，包括这一学科的学术规范和评价体系，基本上都是源自美国。特别是把语言学引入国际政治学科，为美国建构国际话语权提供了丰厚的学术滋养和智力支持。中国学术的国际化和学术质量仍有待提高。

三、建构和提升中国国际话语权的思考

当今世界处于新旧格局的交替之中，这也是国际权力结构发生变化之后国际话语权分配与国际整体权力结构之间重新走向动态平衡的一个过程。中国综合国力的增长和话语权提升的不同步，使这一落差日益成为中国进一步融入国际社会、扩大国际影响力、发挥更大国际作用的瓶颈性因素。习近平指出，提高国家文化软实力，要努力提高国际话语权。要加强国际传播能力建设，精心构建对外话语体系，发挥好新兴媒体作用，增强对外话语的创造力、感召力、公信力，讲好中国故事，传播好中国声音，阐释好中国特色。[1]

---

① 《习近平：要努力提高国际话语权》，http：//news. ifeng. com/mainland/detail_2014_ 01/01/32641872_ 0. shtml。

（一）继续发展构建和提升中国国际话语权的硬实力

“国际话语权”新概念在冷战后的国际社会被普遍认知和广泛运用，其实反映了人们权力结构意识的深刻变化。[①] 在国际社会中，一国拥有较高的国际话语权往往意味着该国在国际组织中的规则制定、议程设置等方面拥有更多的维护本国国家利益的权力。国际权力结构的变化背后是国家综合实力的比拼。金融危机后，中国在世界银行和国际货币基金组织中投票权的增加和话语权的大幅提升，是因为我国在这两个国际组织中的增资份额增加了，是以经济实力的提升作为基础。

特别是以手机媒体、网络媒体为代表的新媒体的出现，具有巨大的传播能力、惊人的传播速度和广阔的覆盖面积而成为我国提升本国国际话语权，宣传我国内政外交的重要途径和快捷方式，这些都需要资金、先进的科学技术和人才的支撑，离不开国家雄厚的实力基础。需要我国继续坚持以经济建设为中心，实现综合国力的全面提升。

（二）拓展中国国际话语权的话语表达平台

从“中国威胁论”、“中国崩溃论”，到“中国责任论”，再到现在中国与周边邻国关于东海、南海海洋争端等地区热点问题中，日本、菲律宾和越南积极推动地区争端国际化，大打国际舆论牌以抗衡中国，可以看出西方舆论一直主导着国际社会关于中国的看法这一事实。

---

① 张志洲：《中国国际话语权的困局与出路》，载《绿叶》，2009 年第 5 期，第 77 页。

中国在国际话语权竞争中存在着双重困境。中国争取国际话语权的意识不够强烈。中国设置国际话语议程的能力不够过硬。同时，中国国际话语权的主要发声者是政府，这就削弱了话语权的公信力，抵消了我国在国际话语权方面的种种努力，需要拓展话语表达的平台，多方联动，充分发挥中国话语权的“建构性”功能，塑造中国良好的国家形象。

一是发挥公共外交的重要作用。通过中国国内和海外的各种媒体，文化、旅游等各种交流活动，高校、研究机构和各种智库，各种民间和非政府组织，活跃在国内外的具有海外背景、非常熟悉国外风土人情和社会习俗的各个领域的人员共同构筑中国公共外交的网络，发挥各方力量的合力，通过各种声音向外国公众传递中国的资讯、政策、理念，加深外国公众对我国政策或行为的了解、理解乃至支持。二是通过各种中国的报纸、网站、新闻出版物宣传中国的内政外交。三是增强与世界其他国家、政府之间的交流、互访、合作和援助计划，包括政府项目和民间项目。四是增强与国外的民意机构、非政府组织的交流、合作，组织民间特别活动。

（三）探索将中国的优势话语转化为国际主流话语的方式方法

当前，一个日益崛起的中国引起国际社会的高度关注，它们非常关注中国将会走怎样的发展道路、未来在国际舞台中扮演何种角色？因此，中国不缺话语表达的舞台，而是如何利用这些舞台讲好中国的故事。这就需要熟悉国际通用的语言规则以各种外国公众听得懂、乐于听的形式立体展现一个真实的中国，并获得认同。

长期以来，“经济决定论”的意识在国内有很大市场，认为中国只要经济发展了，其他包括国际话语权也自然会得到提升。在这一思想误导下，我国缺乏依靠经济实力将话语权资源转化为国际影响力的意识和手段。近年来，中国的和平与发展、新安全观、国际关系民主化、和谐世界理念都体现了中国在处理与国际社会的关系时，尝试用国际通用的语言来阐释中国和平发展道路的合理性和维护我国国家利益的合法性，构建和提升我国国际话语权的不懈努力。

与此同时，话语体系也是一种意识形态工具。社会制度、意识形态等政治因素仍然是影响中国与外部世界关系的主要因素，也是中国与美国等西方国家长期的矛盾焦点。话语体系也是现实利益冲突中的一种竞争工具。中国与周边一些国家在东海、南海问题上存在争端，随着中国在东亚影响力的迅速上升，与美国的竞争与矛盾，使得周边的国际舆论环境对我国不利。因此，探索如何在国际法和国际关系准则的框架下，创新中国的话语表达方式，提升中国的话语能力和技巧维护我国的国家利益至关重要。

（四）提升学术滋养和智力贡献

国际话语权的争夺需要理论和学术的支撑。中国在话语权上处于弱势地位的一个重要因素不是中国在国际上没有建立起系统的、符合中国国情的外交话语体系，而是缺乏为中国外交话语体系提供科学的、严密的理论支撑和逻辑论证的学术滋养，从而减弱了其说服力和影响力。中国改革开放也包括大量引进西方的话语，特别是学术体系，但是，缺乏创建自己话语的意志和能力，缺乏自己原创而富有影响力的概念和话语。

美国有着世界领先的众多大学，这些大学有着极高的学术水平，以国际政治为例，其主要理论流派、核心观点和概念，“历史终结论”、“民主和评论”、“文明冲突论”等等几乎都是由美国的学者创造的，美国在这一学科中的权威地位，决定了它在这一学科的学术规范和评价体系中的主导地位。这种深厚的学术积淀运用到外交、国际关系领域自然会产生非比寻常的效果。

总体而言，在当前由西方国家主导的国际话语体系中，中国根据自身的诉求，按自身的利益和标准以及自己的“话语”对国际事务、事件解释、评判的能力不足，这与中国的国家利益及其在国际事务中所承担的责任和国际地位不相符，未能将中国自身的实力地位转化为在国际话语体系中的优势地位和主动权。从国际关系发展的现实来看，这也影响到中国处理国际事务的效果，自然也不能有效地维护中国的国家利益和国际话语权。对此，中国需要在国际话语规则、国际话语语境、国际话语效果等主要变量的研究上下功夫，为中国国际话语效果营造良好的国际环境，在中国话语受众所在国营造有利于中国的政治生态环境。

第三部分

话语与文化表达：分析与对策

安倍晋三“重塑形象”及对策建议*

在5月30日开幕的第13届香格里拉亚太安全对话会议上，安倍晋三以“抢话筒”的方式兜售他的“积极和平主义”，将他重登首相宝座以来的种种表现发挥到极致，跟第一任期儒雅亲和形象形成鲜明的反差。其实，安倍晋三第二次担任首相以来，就刻意重塑形象，特别是其针对中国的一系列言行，在遭到国内外媒体的普遍谴责后，他不仅没有收敛和反省，相反却更加肆无忌惮、变本加厉。而他在日本国内和世界上却似乎更受“欢迎”，这不能不引起我们的注意，梳理安倍晋三重塑形象的手法与策略，分析其存在的硬伤和软肋，并在此基础上提出我们的应对建议，就显得非常必要和紧迫。

一、安倍晋三“重塑形象”的手法与策略

（一）秀“悲情”，扮“英雄”，迎合国人期待

2007年安倍晋三因“拉肚子”黯然辞职后，并不甘心彻底离开政治舞台。2009年自民党痛失政权，更激起安倍晋三重

* 作者：李广民，青岛大学法学院副院长，教授。

出江湖的雄心。2012年大选，安倍大秀悲情，亲自跑遍选区的每一个角落，为自己2007年不负责任撂挑子的行为“以头抵地”向选民虔诚道歉；2013年参议院选举，安倍每次讲演都以“2007年选举失败的责任就在我”开头，痛责因自己的原因导致六年的“扭曲国会”和频繁的政府更迭，甚至以入院治疗和再次退出政坛换取选民同情。安倍越是自责自己的失败，就越是提醒选民：基于日本政治这几年的悲哀，选择自民党，选择安倍是今天不二的选择。

安倍不仅在国内秀悲情，在国际上同样也大秀悲情。上任一年，安倍就出访了近30个国家，进行了110多次首脑会晤，每次会晤，安倍都没有忘记把自己和日本描述成“听话、守法却遭到威胁、欺压”的“受害者”，常有意无意地、指名或不指名地渲染中国在钓鱼岛问题上的“强横”与“无理”，到处强调日本的“忍让”和“无奈”。安倍在博取世界舆论同情的基础上，更是让日本民众感觉到他为“国家民族利益”奔走的辛劳。

安倍重塑形象并不止于大秀悲情，更重要的是他要把自己扮演成救世的英雄。日本持续20年的经济低迷，走马灯似的首相更迭，国民期盼出现一个能扭转经济窘局，领导日本恢复自信的强势领袖。安倍在重塑形象时，首先推出“安倍经济学”，在参议院竞选的广告宣传片中，安倍紧握拳头高呼“夺回日本”，并声称：“强大的经济已经开始启动。”其次提出强硬的对外政策，对中日钓鱼岛争端，安倍强调：“日本对其拥有领土主权，无论在历史上还是在法律上都确定无疑，绝不允许对日本主权的挑战”，“任何国家都不应低估我国的决心，对日美同盟的牢不可破不应抱有任何疑问”。针对朝鲜问题，安倍强调“只要不放弃研发核及导弹技术、不释放绑架的所有日本国民，我国政府不可能向其提供好处”。对朝鲜核试验，安倍表示“必须阻止”。最后，他在对待历史问题上一意孤行，先是对自己在第一任期没有参拜靖国神社表示后悔，接着在多个场合对历史问题大放厥词，最为过分的是不顾美国盟友的反对，坚持参拜靖国神社，并企图彻底否定战后体制。这种“悲情加英雄”的表现，是安倍重塑形象的关键，是在迎合日本国民期待的基础上，企图尽快“恢复强大日本”。

（二）倡“和平”，谈“合作”，顺应世界潮流

“一个新的日本正在高举积极为和平做出贡献的旗帜。”换句话说，“积极的和平主义”成为安倍第二任期高举的旗帜，无论是在联合国大会、核安全峰会、香格里拉安全对话会议等不同层次的多边场合，还是在安倍与其他国家领导人会晤的双边场合，其兜售“和平主义”的技巧都值得关注。尽管安倍在香格里拉对话会议上的发言反应冷淡，而且遭到中国与会代表的坚决反驳，传统媒体和社交网络也开始批判和谴责，但不可否认的是，安倍高举的“积极和平主义”大旗，仍得到多数与会国家的认同，这一“积极做贡献”的姿态也受到普遍的欢迎。安倍晋三在联大第68届会议一般辩论会上的发言，从积极参与处理叙利亚危机入手，谈到为2020年奥运会振兴日本经济，提升日本对和平贡献的能力，再谈到日本对中东和平的独特贡献、日本与非洲的合作，最后谈到在保障人的安全和维护妇女权益、改善妇女地位方面的国际合作，整体显得具体而实际，自然又合乎逻辑。安倍无论在哪里讲演，都试图将日本

塑造成一个“爱好和平”并不遗余力地为“世界和平与繁荣做贡献”的国家。

在倡“和平”的同时，他始终没有忘记谈“合作”，他不仅将与东盟、非洲的合作作为重点，而且时不时地表示要“改善”与韩、中的关系。合作也涉及到经济、政治、安全、环境等多个领域。对遭到普遍诟病的历史认识问题，他竟利用《安妮日记》（一本反映纳粹残害犹太人的日记）在东京各图书馆被毁事件做文章，在访问荷兰期间，不仅亲自参观了位于阿姆斯特丹的“安妮之家”，并表示“此事非常令人遗憾，今后会努力避免此类事件再次发生”，他还说自己儿时就曾拜读过《安妮日记》，看过关于她的电影，强调“我们会谦虚地面对历史事实，并将其告诉后代，从而实现世界和平”。

（三）表“忠心”，献“殷勤”，寻求美国庇佑

安倍第二次就任首相，最大的心愿莫过于首访美国，可惜奥巴马并不体谅安倍急切的心情，婉拒了他首站访美的要求。而后在安倍“锲而不舍”努力下，美国才有条件地同意了安倍访美。安倍访美最大的目标是进一步巩固日美同盟，最具体的要求是让美国总统表示钓鱼岛争端适用《日美安保条约》。但由于安倍急于求成，竟在出发前对《华盛顿邮报》发表抵毁中国的言论，认为“同日本和其他亚洲邻国的冲突是中国根深蒂固的需求”，“日本将阻止中国掠夺他国的领土”。另外，他还在“美国战略与国际问题研究中心”发表《日本回来了》的讲演，强调“一个强大的日本回来了”，“不会容忍日本领土主权受到挑战，国际社会不应该怀疑美国与日本之间强大的同

盟关系”。安倍误以为这样就能得到美国的认可，殊不知此时美国对日本的需求是尽快拿出解决普天间机场问题和日本加入TPP的时间表，并明确购买美国军火的承诺，而且奥巴马第二任期伊始，并不愿意为日本过分激怒中国。由于安倍没能准确把握美国此时的需求，美国对他的访问敷衍了事，媒体更是将安倍此访戏谑地称为“一日游”。2014年4月，奥巴马访问亚太四国，安倍再次大献殷勤，以此凸显日美同盟关系的稳固及他与奥巴马的友谊。奥巴马虽因不满日本在TPP问题上的态度而用“三不”冷待日本，但由于日本政府在普天间机场及军购问题上的积极态度，所以他在接受《读卖新闻》的书面专访谈及“钓鱼岛争端时”，给日本吃了“定心丸”。

（四）供武器，助训练，拼凑“反华联盟”

安倍在访美前接受《华盛顿邮报》访问时，就曾大谈他“遏制中国的计划”。他宣称，中日之间的钓鱼岛主权争端不会在短时间内消失，他计划通过提升军费开支，增强与越南、印尼等东南亚国家的双边关系等方式进一步予以应对。安倍的计划很明确，就是通过支持与中国有南海争端的国家以牵制中国。在访问菲律宾、越南、印尼等东南亚国家时，他多次表示对这些国家进行全方位支持。特别是在这次香格里拉亚太安全对话会上，安倍在主旨讲演中，一方面谴责中国在南海的行为“企图不断使用既成事实，使现状变化固定化”；另一方面专门拿出一部分内容讲日本对东盟各国的援助，宣称对东盟各国保持领海、领空安全，保护航行和飞行自由的努力，日本将“全力支援”。具体的援助计划包括：第一，除了决定向菲律宾和印度尼西亚提供巡逻艇外，也开始研究向越南提供巡逻艇；第二，人才培养，既从日本派专家到相关国家进行技术指导，又邀请相关国家专业人员到日本进修，涉及到的国家包括菲律宾、印度尼西亚、马来西亚；第三，随着日本武器出口新原则的制定，一些先进的防卫装备向这些国家出口也成为可能；第四，通过政府开发援助、军队能力建设、防卫装备合作，日本将所拥有的各类支援项目组合起来，使东盟诸国守护海洋的能力得到全方位的援助。

二、安倍晋三“形象塑造”的硬伤和软肋

（一）翻历史，扩军备，难得人心

与第一任期相比，第二任期的安倍公然撕下在历史认识问题上的伪装。先抛出“后悔论”、接着又兜售“自豪论”，从慰安妇问题、教科书问题到东京审判，安倍都毫无忌惮地表明自己的强硬立场。尤其在参拜“靖国神社”问题上，他明明知道中、韩等亚洲邻国的底线，也曾有所收敛，可就在他第二任期满周年之际，竟公然以首相身份参拜靖国神社。对此除了中韩两国政府的强烈谴责，就连美国政府也向日本表达了极其强烈的“失望”之意。欧盟对此则发表声明称，“这一行动不利于缓和地区紧张，改善与邻国特别是与中韩的关系”，“希望相关国家加强信任、缓和紧张、互相合作，确保地区长期稳定，构建积极的建设性的国家关系”。俄罗斯也在安倍“参拜”的当天正式表示了“遗憾”。《华盛顿邮报》甚至以《日本首相参拜战争纪念碑是挑衅行为》为题发表社论，对安倍的反动倾

向表示担心，批评其参拜靖国神社给东海周围的美日韩合作带来不良影响。《纽约时报》则称，此前作为共同应对中国崛起的伙伴日本，对美国政府而言已成为另一个“亚洲问题”。

与此相比，安倍更急于推进的是扩军。作为扩军的前提，他积极谋求修宪、解禁集体自卫权、修改“武器出口三原则”。安倍上任伊始，急于访美，就是希望得到美国的首肯。在发现修宪受阻的情况下，他及时调整战略，通过修改宪法解释实现解禁集体自卫权，为此他还特意成立法律和防卫两个恳谈会，大打“感情牌”和“贡献牌”，利用盟国对“积极和平主义”旗帜的认同，向国内外反对派施压。其实，安倍为侵略历史翻案，全面否定战后体制，解禁集体自卫权扩充军备，遭到了大范围的质疑和反对。自民党“护宪”元老村上诚一郎再三呼吁日本民众，警惕纳粹埋葬“魏玛宪法”的噩梦重现。国际舆论普遍认为，如果日本要扩大自卫队作用，就必须比以往更明确地反省历史，但安倍政权的做法正好相反，这样只会让周边国家对日本更加警惕。美国“亲日派”代表、哈佛大学教授约瑟夫·奈也明确表示反对安倍用“国家主义”来包装军事政策。6月24日，美国学者阿克尔曼和日本学者松平德仁在《外交政策》杂志网站联名发表文章《不诚信的安倍》，认为安倍晋三试图通过修改宪法解释解禁集体自卫权，实际上是一种“宪法政变”的行为，将严重危及日本的民主制度。

（二）炒经济，贬货币，难收长效

安倍从开始就主打经济牌，确实迎合了民众提振日本的期待，“安倍经济学”的“三板斧”似乎也收到了一定的效果。

对比安倍第二次就任首相的施政演说和在达沃斯世界经济论坛的讲演，不难看出安倍的自信，但论坛主席施瓦布教授在其讲演结束后的提问，却重重地给“安倍经济学”敲响了警钟。他认为，“安倍经济学”的成功依赖于地区的相互信任和稳定，但日本与邻国的关系，尤其是与中国、韩国的关系却在恶化；日本的债务负债率在世界是最高的，而且人口老龄化很厉害，目前日本正在增加财政赤字，负担很重。“安倍经济学”的“第一板斧”是量化宽松，是本币贬值，是不遗余力地追求通货膨胀，以期走出通缩，刺激经济增长。这虽不能说是“饮鸩止渴”，却明显带有“以邻为壑”的味道。2014 年 4 月 28 日，国际货币基金组织的一份报告中说，日本的“安倍经济学”复苏正在失去动力。5 月 12 日，日本财务省公布的 2013 年度国际收支状况显示，反映日本与海外综合交易状况的经常项目顺差连续三年减少并创下自 1985 年度有可比数据以来的最低记录。而消费税的增加更让民众真切感到经济的“寒意”。5 月 30 日，国际货币基金组织又发微博质疑“安倍经济学”第三支箭能否强力发出并提振经济。“安倍经济学”能否重振日本经济，甚至到底还能撑多久，都成为一个重大悬念。

（三）多口惠，实挑衅，难掩本质

安倍一方面在国际上大肆兜售自己“积极的和平主义”，另一方面又不断伙同美国，撺掇菲律宾、越南挑衅中国。安倍几乎在所有的场合都大谈“爱好和平”的真实目的是让世人接受他修改“和平宪法”、解禁集体自卫权，成为安理会常任理事国。难怪英国《金融时报》评论称，安倍正致力于从日本首相的角色转换为“总司令”。俄罗斯《观点报》则直言，日本正在“为战争做准备”。日本媒体也承认“安倍经济学”的热度已经被“安倍军事学”所取代。更严重的是，他常打着国际法的幌子，举着和平的旗子，在中国周边地区煽风点火，肆意挑衅。他一方面大谈地区的信任与稳定，另一方面却以冒险的行动激化地区矛盾。不仅在钓鱼岛问题和东海划界问题上挑衅中国，而且在南海问题上指手画脚，给与中国有岛礁争端的国家打气撑腰。安倍的种种行为难掩其挑战战后秩序的本质。

（四）常两端，多矛盾，难禁分析

只要对安倍的言行略加分析，就会发现其常常“首鼠两端”、自相矛盾。在历史认识问题上，他明明顽固坚持为侵略翻案，否定东京审判，甚至推翻“河野谈话”和“村山谈话”，却假惺惺地在“安妮之家”谈“谦虚地面对历史事实”。在岛屿争端和海洋权益问题上，他一方面伙同美国对中国遏制、施压，频繁进行军事演习，却又在国际多边场合枉顾事实，蓄意栽赃中国。表面上，日美同盟不断得到加强，但安倍借美国财政紧缩和安全合作诉求，不断加快军事强国建设步伐，反复恳求美国在钓鱼岛问题上选边站队，正说明了日本自身的焦虑和担心被美国抛弃的恐慌。

三、应对安倍的策略和建议

（一）用时间和实践揭破安倍的“画皮”

时间会冲刷掉蒙蔽真相的污垢，实践会检验出虚伪与真诚。针对安倍政府的所作所为，我们应坚持做好自己的事，坚持走和平发展的路。假的永远真不了，骗人的“画皮”终会被戳穿。安倍的行为终会让其盟国和国内盟友尝到苦涩。我们要发出我们的声音，更要积极营造新的平台，构建我们的话语体系，提高我们的国际话语权。

（二）用历史和理性回击安倍的攻击

安倍在历史问题上的倒行逆施不堪一击。我们应团结一切反法西斯的正义力量，用不可辩驳的历史事实和理性态度，系统而有计划地回击安倍的攻击。只要我们坚持历史和理性，反法西斯战争的正义成果一定能为人类社会所共享。《华盛顿邮报》就曾发文批评安倍否定侵略可耻，强调日本侵略历史不容置疑；质问为什么在德国因正视历史而再次屹立欧洲数十年后，有些日本人仍然不愿承认历史事实？《华尔街日报》也表示：安倍对历史相对论的尝试会让珍珠港、巴丹死亡行军和南京大屠杀的幸存者感到震惊。2015 年反法西斯战争胜利已有 70 年，人类社会本该共享文明进步的成果，如果日本右翼尝试打开禁锢法西斯恶魔的潘多拉盒子，维护和平、倡导正义的世界人民是不可能纵容和放任这种颠倒黑白的行为的。

（三）用大势和大局化解安倍的阴谋

中华民族伟大复兴如世界大势浩浩荡荡，日本若不顺应大势，积极参与地区合作，必将被边缘化甚至被淘汰。当今世界及中国之大局莫过于稳定和可持续发展，安倍死抱冷战思维，企图扰乱中国步伐，遏制中国发展，是不能得逞的。随着世界多极化、经济全球化、文化多样化和社会信息化的趋势不断增强，各国逐渐形成了利益交融、兴衰相息、安危与共的命运共同体，中国应顺应潮流，因势利导，力促世界各经济体的交流共荣，以更加包容的胸怀弘扬协和万邦国际视野。顺应大势，就是要坚持和平发展道路，构建新型大国关系，稳定周边安全环境，巩固与发展与各国的友好合作，携手共建“人类命运共同体”。把握大局，就是要捍卫人类共同利益，谋求互利双赢，分享发展红利，将中国的发展融入世界多极化、经济全球化、文化多样化和社会信息化的洪流，将中国人民利益同各国人民共同利益结合起来，以更加积极的姿态参与国际事务，发挥负责任大国作用，共同应对全球性挑战。

公共外交视野下的语言国际推广

——中日比较分析*

冷战结束后，两极对立的世界格局瓦解，新的国际秩序正在摸索之中。虽然还存在地区军事冲突，但是发生大规模战争的可能性正在减少。相对于以军事力量、经济力量和科技力量等为主导的“硬实力”，体现价值和文化的国家魅力，也就是“软实力”的重要性日渐凸显，逐步为各国所重视。同时，以往由政府和外交当局垄断信息的时代已经结束，当今世界进入到信息化时代，公众舆论的影响也日益增大。软实力作为体现一个国家思想的吸引力和政治导向的能力，可以影响外国公众对本国的认识和理解。而运用软实力进行对外宣传，开展外交活动的公共外交虽然不能代替传统外交，但是在当今国际社会中是最重要的外交活动之一，不断接近主流地位。

在国家软实力中文化软实力是核心因素，是指一个国家或地区文化的影响力、凝聚力和感召力。文化的生命力在于传播，而语言作为文化传播的工具，对文化的传播有着极大的制

---

* 作者：肖辉，大连外国语大学东北亚研究中心副教授，博士研究生。

约作用，是文化得以生存的力量。纵观历史，我们不难发现任何一种语言的传播、应用乃至被接受成为国际间的交往媒介，其意义都远远超过了语言本身。它不仅反映了一个国家的世界地位，而且可以度量“硬实力”与“软实力”的互动和平衡。[①] 中日两国都极为重视公共外交，采取各种方式积极开展公共外交，都把国际文化传播与交流当作本国开展公共外交的主要领域加以推进，加强本国语言的国际推广是其中重要的一项内容。通过对中日两国的本国语言国际推广的比较分析，可以互相借鉴经验，取长补短，更好地推动语言国际推广，促进公共外交的开展，有助于中日两国民众的相互理解。

一、公共外交与软实力

目前，公共外交还没有一个固定的学术定义，其概念最早是由美国学者埃德蒙·格利恩于 1965 年提出的。他指出：“公共外交旨在处理公众态度对政府外交政策的形成和实施所产生的影响。它是超越传统外交范围以外的国际关系领域的一个层面，它包括一国政府对其他国家舆论的开发和培植，一国的利益集团与另一国的利益集团在政府间体制外的互动，以通讯报道为职业的人，如外交使节与国外记者之间的沟通、联络。它通过上述过程对政策制定以及涉外事务处理造成影响。”[②]

1987 年，美国国务院《国际关系术语词典》把公共外交

① 包文英：《公共外交视野下的汉语国际传播》，载《上海商学院学报》，2013 年第 6 版。

② 李智：《文化外交——一种传播学的解读》，北京大学出版社 2005 年版，第 29 页。

定义为："由政府发起交流项目，利用电台等信息传播手段，了解、获悉和影响其他国家的舆论，减少其他国家政府和民众对美国产生错误观念，避免引起关系复杂化，提高美国在国外公众中的形象和影响力，进而增加美国国家利益的活动。"

在日本具有代表性的定义是："所谓的公共外交是指为了提高本国在国际社会中的存在感，提高本国形象，加深对本国理解，不是单纯地面向对方国家的政府，而是其公众展开的外交活动。"① 日本政府文化审议会文化政策部会用资料显示，公共外交也被称为"广报文化外交"，为了提高日本在世界的影响力，必须要创造善意的对日感情和公众舆论，培养"知日派"，促进对日本历史、文化和政策等的理解。为此，要与传统外交相互补充，同时与民间合作，直接针对外国公众和舆论开展公共外交。② 日本政府积极开展公共外交的领域主要包括：强化以政府宣传为中心的对外话语权；强化 NHK 国际广播和电视；强化以国际文化交流为核心的对外交流（包括实施双边纪念周年事业、日语推广、利用流行文化）；强化海外针对日本的研究、培养"知日派"；促进旅游观光。③

在中国，2009 年 7 月，时任党中央总书记的胡锦涛在第十一次驻外使节会议上发表讲话，首次提出中国要开展公共外

① 金子将史、北野充；『パブリック・ディプロマシー：「世論の時代」の外交戦略』东京：PHP 研究所，2007 版。

② 日本文化厅主页：文化审议会・恳谈会等—文化审议会文化政策部会用资料，http：//www. bunka. go. jp/bunkashingikai/seisaku/10 _ 06/pdf/shiryo _ 2. pdf # search = '%E5%A4%96%E5%8B%99%E7%9C%81%E3%81%AB%E3%81%8A%E3%81%91%E3%82%8B+%E5%BA%83%E5%A0%B1%E6%96%87%E5%8C%96%E5%A4%96%E4%BA%A4%E3%81%AE%E5%8F%96%E7%B5%84'，2014. 09. 17。

③ 星山隆；『日本外交とパブリック・ィプロマシー—ソフトパワーの活用と対外発信の強化に向けて—』财团法人世界平和研究所，2008 年 6 月。

交。前外交部长杨洁篪于2011年指出，这次讲话第一次将公共外交提升到外交全局的战略高度，对新形势下推进公共外交具有重要指导意义。赵启正曾经撰文指出："公共外交和政府外交组成国家的整体外交。参与公共外交的各方以各种适当的方式向外国公众表达本国国情，说明本国政策，解释外国对本国的不解之处，并同时在国际交流中了解对方的有关观点，可以起到提升本国国际形象，改善外国公众对本国的态度，影响外国政府对本国政策的作用。中国公共外交的基本任务是向世界说明中国，促进外国公众认识真实的中国——包括中国的文化传统、社会发展、经济状况、政治体制和对内、对外政策等等。通过公共外交，可以更直接、更广泛地面对外国公众和主流社会人士，能更有效地增强本国的文化吸引力和政治影响力，改善国际舆论环境，维护国家的利益。"①

1990年，约瑟夫·奈提出了"软实力"概念，指出软实力作为国家综合国力的重要组成部分，对其他国家具有同化作用。虽然约瑟夫·奈对软实力构成要素在1990年、1999年和2004年提出不同的看法，但自始至终未变的是"文化"和"意识形态"这两个要素。不同于"意识形态"，中西方在维护和尊重"文化"等普适性价值方面持有基本认同和一致理念，也就是说，思想、文化、观念、制度、战略和政策构成了软实力的基本内涵，其中，文化价值观是核心，决定着国家的进程和方向。②

---

① 瞭望中国网，http://www.outlookchina.net/template/news_page.asp?id=5693，2014.09.17。

② 吴前进：《国际秩序转型中的软实力与公共外交》，载《国际关系研究》，2013年第2版。

在国际关系中，软实力是一种无形的影响力和感染力，它透过柔性的公共外交方式进行说服与合作，从而更易于为对象国或受众所接受。也就是说，从软实力和公共外交的关系来看，公共外交是一种向外国公众宣传本国的软实力，便于获得国际社会对本国外交政策支持，形成这一外交环境的手段。

二、二战后中日两国公共外交的发展

（一）中国的公共外交发展

中国外交中虽然没有关于公共外交思想的系统阐述，2009年7月才由前党中央总书记胡锦涛首次提出中国要开展公共外交，但从很早开始就已经开始了公共外交实践，主要表现为对外宣传、国际交流和传播活动方面。

新中国诞生于世界冷战兴起之际，由于中国革命性质和国际环境的影响，中国加入了社会主义阵营。这一期间，中国外交在对外宣传、对外汉语教学、文化交流和民间往来等多个方面做出过实际工作，先后用英语、俄语、日语和法语等语种出版了《人民外交》、《中国建设》、《北京周报》等一些具有代表性的对外宣传刊物，但有限的公共外交活动在地域上表现为社会主义阵营多于周边国家，第三世界多于西方国家。[①] 对外宣传的对象也是以社会主义阵营国家交流为主，意识形态色彩浓厚。

---

① 吴白乙：《公共外交——中国外交变革中的重要一环》，载《国际政治研究》，2010年第3版。

20 世纪 70 年代初，中美两国由于战略上的考虑开始接近，通过“乒乓外交”打开了阻隔中美两国交往的大门。公共外交配合传统外交，中国在外交上取得了一系列重大胜利：1971 年，恢复了联合国的合法席位；1972 年实现了中日邦交正常化和尼克松访华；1973 年第 28 届《联合国大会》把汉语列为大会和安理会的工作语言之一。

1978 年，中国实行改革开放政策，到 80 年代末，中国对外宣传和文化交流明显增加，积极向世界展示改革开放政策下的中国。英文版《中国日报》、《人民日报》海外版以及 CCTV 的国际卫星频道等一批新的对外宣传媒体蓬勃发展，全方位对外传播格局开始形成。在对外文化交流上，中国与世界各国文化交流频繁进行，随着中美正式建交，中美两国实现了互派留学生，并于 1979 年签署了《中美文化交流协定》；与日本的文化交流和人员往来也非常频繁。

20 世纪 90 年代冷战结束后，针对甚嚣尘上的“中国威胁论”，中国通过发布人权白皮书、国防白皮书，建立和完善新闻发言人制度等多种方式逐渐形成了新型复合宣传战略。2003 年后先后提出和平崛起和创建和谐社会理论，积极展现中国文化和中国价值。可以说，这些公共外交活动的目的不单纯是为了抵御“中国威胁论”和适应国际秩序，而是更进一步从根本上提高中国的软实力，创造并向世界传播中国文化。中国在文化交流等方面积极推动公共外交，促使中国的国家形象日益为国际公众所接受。

（二）日本的公共外交发展

二战后初期，美国占领下的日本失去了包括外交权在内的主权，围绕着制定以修改宪法为主要内容的占领时期改革方案，日本展开了与美国之间的所谓外交。1951 年，日本加入了联合国教科文组织，1952 年《旧金山和约》生效，美军占领结束后，日本恢复外交权，目标就是回归国际社会，走“文化国家”（kulturstaat）之路。日本的外务省也对二战前以宣扬国威的宣传文化工作进行大幅度调整，成立了情报文化局，下设四个科室，分别为国内宣传科、对外宣传科、个别文化协定·文化交流科、联合国教科文组织与多边文化协定科。20 世纪 60 年代，日本广泛开展对外宣传和国际文化交流，1964 年的东京奥运会、1970 年的大阪世博会等活动向世界有效地传达了日本形象，成为日本回归国际社会的关键之举。

20 世纪 70 年代，日本经济取得了令世人瞩目的成功，成为世界经济大国。随着经济的发展，日本也给世界留下了过分追求经济利益的负面印象。为了转变这种印象，重塑国家形象，日本开始致力于推进国际文化交流，向海外传达日本要做和平国家和文化国家的姿态。1972 年成立了承担国际文化交流的大型公共机构——国际交流基金。国际交流基金的主要工作包括：促进人员往来，推广日语，振兴有关日本的研究，开展和扶持国际交流活动、介绍日本文化等。

进入到 20 世纪 80 年代，日本致力于介绍日本文化，于 1984 年在外务省成立了文化交流部。1986 年日本人均国民生产总值跃升世界第一位，要求日本做出相应国际贡献的国际压力不断增大。1988 年，时任首相竹下登在伦敦发表讲演，提出日本为世界做贡献的三大支柱，强化国际文化交流首次作为外交政策支柱被列入其中。

20世纪90年代初期开始至今，由于全球化的推进和冷战的结束，国际文化交流在公共外交和维护多样性等新范式下获得广泛开展。其主要目的在于通过提高对日印象促进对日本产品的认知从而取得经济效应，同时从中长期来看，从战略角度努力提高世界对日本的印象和“亲日”感。[①] 尤其是“9·11”事件之后，公共外交在日本被广泛提及。

日本政府为了进一步推动公共外交，分别于2001年和2004年对主管国际文化交流的中央省厅进行了机构改革。首先明确了外务省和文化厅的权责，将外务省和国际交流基金的文化交流工作提升到外交层面，强调与外交政策的关联。其次对组织机构上各自分担的对外宣传和国际文化交流进行部分合并，成立了广报文化交流部，谋求推进日本的话语权和相互理解以及文化交流和对外宣传的有机结合。广报文化交流部重点负责制定中长期目标和对外文化交流战略，使国际交流基金最大限度地实施相关事业。

2004年，日本政府还设立了“推进文化外交座谈会”，发布了报告书，指出日本开展国际文化交流的主要目的在于促进对日本的理解和提升日本国家形象。2006年4月，时任外务大臣麻生太郎提出了“动漫外交”。在这之后，“酷日本”、“软实力”、“日本文化话语权”、“日本力”等概念不断登场，对外宣传等公共外交活动日益获得加强。安倍上台后，提出了“美丽国度——日本”这一构想，指出要强化日本对外的话语权和宣传力度。

---

① 星山隆：『日本外交とパブリック・ディプロマシー—ソフトパワーの活用と対外発信の強化に向けて—』，财团法人世界平和研究所，2008年6月。

三、中日两国的语言传播比较

通过上述对中日两国公共外交发展情况的分析，我们发现中国和日本都将文化作为核心，积极展示和宣传本国的软实力，开展公共外交，改善接受国对本国的舆论环境，并以此提高国家形象与声誉。其中，本国语言推广作为公共外交的重要形式之一为中日两国所重视。

为推广各自语言和文化，西方主要国家早在19世纪就成立了专门的语言文化推广机构。法国于1883年成立法语联盟，英国于1934年成立英国文化委员会，德国于1951年成立歌德学院，西班牙于1991年成立塞万提斯学院。研究西方国家的文化传播战略，就会发现语言推广机构的使命会服从、服务于国家特定历史阶段的整体外交政策和利益诉求。这些语言推广机构的组织管理实质上都代表了国家的利益取向。各国语言文化推广机构的成功运作离不开政府的支持，实质上是政府文化外交战略的具体表现和重要平台。[①] 下表反映出各国语言传播的现状和重视程度。[②]

---

① 李秀梅：《全球化背景下的语言战略》，《环球财经》，2013年第5版。

② 日本文化厅主页：文化审议会·恳谈会等—文化审议会文化政策部会用资料，http：//www. bunka. go. jp/bunkashingikai/seisaku/10_ 06/pdf/shiryo_ 2. pdf#search = % E5% A4%96% E5% 8B% 99% E7% 9C% 81% E3% 81% AB% E3% 81% 8A% E3% 81% 91% E3% 82% 8B + % E5% BA% 83% E5% A0% B1% E6% 96% 87% E5% 8C% 96% E5% A4% 96% E4% BA% A4% E3% 81% AE% E5% 8F% 96% E7% B5% 84′，2014. 09. 17。

国家	语言推广机构	职员总数（人）	学习人数（万人）	办学点总数	使用人口（亿人）
法国	法语联盟	8500	45	1040	4
英国	英国文化委员会	6836	31	191	5
德国	歌德学院	2871	23	149	1.3
西班牙	塞万提斯学院	1166	13	78	4
中国	孔子学院	不明	66	900	13
日本	国际交流基金	386	1.4	29	1.3

（一）中日两国本国语言国际推广的早期发展

1. 早期的对外汉语教学事业（1950—1978 年）

改革开外前，中国的对外汉语教学事业意识形态和政治色彩浓厚，是政治任务的一部分，主要对象为社会主义阵营的东欧社会主义国家以及亚非第三世界国家的公派留学生，从 1950 年到 1978 年，中国共接收留学生 12800 人。1950 年 7 月，清华大学成立了中国第一个从事对外汉语教学的专门机构“中国语文进修班”。1951 年初，接受了第一批来自东欧的 33 名留学生。中国政府首次向海外派遣汉语教师始于 1952 年，当时根据政府间协议，中国政府派遣著名语言学家朱德熙赴保加利亚教授汉语。1961—1964 年，为了加强培养对外汉语教师人才，中国分四批实施了对外汉语教师研修项目。在 60 年代初期，根据政府间协议，向埃及、刚果、柬埔寨、也门、法国等国家派遣了对外汉语教师。1962 年，中国政府成立了外国留学生高等预备学校，1965 年 1 月定名为北京语言学院（现北京语言大学），成为中国对外汉语教育的基地。“文化大革命”期间，对外汉语教学事业遭到严重破坏，处于瘫痪状态，外国留学生回国，外派教师撤回，北京语言学院解体。

2. 早期的日语教育推广事业（1945—1978 年）

二战中，日本通过在海外殖民地强行使用日语推行奴化教育。二战结束后，日本政府在美国占领当局的主导下，通过立法改革了近代教育体制中的非民主、军事性要素，确立了民主、和平的现代教育体制。同时为了配合建设日本文化国家形象和复兴日语教育而开展了日语教育国际推广事业。

20 世纪 50 年代至 70 年代末，日本经济开始进入高速发展时期，在经济发展的同时迫切需要扩大国际影响力，消除国际社会的误解，提升国际地位。日本文化和日语教育成为日本政府重视的手段之一。这一时期日本政府主要通过建立相应的吸纳留学生制度、组建相关机构编纂日语教材，为日语教育走出去夯实基础。1954 年，日本文部省设立公费外国人留学生招生制度，培养“知日派”。1959 年，日本通过 NHK 国际广播开始面向部分地区播放日语教育节目。此外，文部省及机构编写和修订了众多日语教材，各驻外使馆还纷纷开设日语讲座，积极向海外推广日语。1972 年，日本政府成立了国际交流基金会，将其作为主要的日语教育推广机构。

（二）中日两国本国语言国际推广的国家战略与发展

1. 汉语国际推广的国家战略与发展（1978 年至今）

1978 年改革开放后，随着中国经济的高速发展，国家影响能力日益扩大，在经贸往来与文化交流领域，对汉语的需求越来越大，来华留学生逐年增加，越来越多的中国大学向海外合作院校派遣汉语教师。与此同时，如何平衡文化生态、提高文化影响力等“问题意识”也逐渐增强。[①] 为了促进和指导国内的对外汉语教学，统一协调和管理各部门和大学，迫切需要成立一个政策决策机构。在此背景下，国家对外汉语教学领导小组于1987年成立，后更名为国家汉语国际推广领导小组办公室（简称“国家汉办”）。1988年和1999年召开的第一次和第二次全国对外汉语教学工作会议上，分别提出了“对外汉语教学是一项国家和民族的事业”，对外汉语教学作为国家与民族的事业，应纳入国家21世纪发展的总体目标。

进入21世纪，面对国际形势的变化和“中国威胁论”，中国政府认识到通过汉语的国际推广，增强文化传播的影响力和渗透力具有重要意义，是中国建设软实力的重要手段。2004年，国家汉办工作规划“汉语桥工程”获得批准，其主要目的在于：“向世界推广汉语，增强世界各国对中国的了解和友谊，扩大中国在世界的影响。”同年11月，第一个“孔子学院”在韩国设立。孔子学院是非营利性机构，其宗旨和使命是“增加世界各国（地区）人民对中国语言文化的了解，加强中国与世界各国教育文化交流合作，发展中国与外国的友好关系，促进世界多元文化发展，构建和谐世界”（《孔子学院章程》第一章总则第一条）。从此，中国的语言发展战略从对外汉语教学向全方位的汉语国际推广转变；工作重心从将外国人“请进来”学汉语向汉语加快“走出去”转变；汉语推广理念从专业汉语教学向大众化、普及化、应用型转变。[②]

---

① 包文英：《公共外交视野下的汉语国际传播》，载《上海商学院学报》，2013年第6版。

② 包文英：《汉语国际教育中的公共外交意识》，载《华东师范大学学报》（哲社版），2011年第6版。

中华文化是我们最重要的软实力。在国外设立孔子学院，教授汉语，传播中国文化，并不是简单地帮助外国民众学习汉语，了解中国文化，而是要让更多的人走近汉语、学习汉语，理解中华文化，从而为中国和平发展创造一个和谐的外部环境。从这个意义上看，汉语国际传播不仅是一个教育问题，一个传播问题，更是一个政治问题，是公共外交的一个重要部分，是扩大国家影响力的有效工具，是促进人类文化传播、互相理解乃至和平的桥梁，这项工作在国家公共外交事务中的重要性怎么强调也不过分。①

2. 日语国际推广的国家战略与发展（1978 年至今）

20 世纪 80 年代，日本成为经济大国，随着日本企业扩大海外投资，日本政府大力开展政府开发援助项目（ODA），日语需求日益扩大。1983 年，中曾根康弘首相提出“10 万留学生接收计划”，日语展开国际推广。1984 年，日本国际教育协会与日本国际交流基金联合举办日语能力测试。1989 年，国际交流基金开设日语国际中心。

20 世纪 90 年代，日本政府通过提高国内外日语教师的水平、日语教育机构的教学质量、建立日语学习支援网络等方式，不断扩大对外日语教育。1990 年，日本国际交流基金在曼谷、雅加达、悉尼开设海外日语中心。1994 年，国立国语研究所开始对国际社会中的日语教育进行综合研究。1996 年，日本贸易振兴会举办首次商务日语能力考试。这些措施使 1998 年度在日本国内学习日语的外国人达 8.3 万人左右，在日本以外

---

① 包文英：《汉语国际教育中的公共外交意识》，载《华东师范大学学报》（哲社版），2011 年第 6 版。

地区学习日语的外国人约达209万人，日语在外国人中的推广面成倍增加。

进入21世纪以来，日本政府日益重视公共外交，对主管国际文化交流的中央省厅进行了机构改革，将国际交流基金的文化交流工作提升到外交层面。2002年，《独立行政法人国际交流基金法》提出，"日语的普及不仅是让海外国家加深对我国的了解，还要在文化等领域对世界做出贡献"，根据该法，国际交流基金于2003年重组为独立行政法人。

2005年，日本政府发表名为《创造"重视文化交流的国家"——日本》的报告书，提出公共外交的三大理念，即"発信"（传播）、"受容"（吸收）和"共生"（共生），提出面向世界打造"二十一世纪型'酷'社会模式"，将推广日语和日本现代文化作为重要手段。

2006年，时任外相麻生太郎发表题为《文化外交の新発想》（公共外交新构想）的讲演，在对外交流审议会中成立现代文化专门委员会，讨论提高外国对日本的关注度和外务省对相关产业界的支持，谋求以此扩大日语学习的需求。

2006年，日本政府提出"通过ODA援助等扩充日语教育事业，使海外日语学习者人数达到300万人，并且未来达到500万人"的目标。2008年，日本实现"10万留学生接收计划"之后，又提出在2020年实现接收30万留学生的目标，作为其实施"全球战略"的重要一环。

2007年，日本政府提出从战略角度推动日语推广政策，加强相关部门的合作，扩大日语传播海外基地的建设，在两三年内将数量扩大到100个以上。此外，日本政府制定了《日本文化产业战略》，谋求通过对外宣传"日本的魅力"开拓海外市场，提出日语推广是文化产业的基础，需要进一步增加亚洲地区日语推广的海外基地，援助日语推广和文化传播事业。

2009 年，日本政府提出“日本形象战略”，旨在通过振兴作为日本经济增长原动力的“软实力产业”，发挥日本的软实力影响，进而带动其他产业发展。为实现这一战略，需要致力于创造和传播日本形象，而日语海外推广作为其中的基本战略而被加以重视。

日本政府在 2010 年推出的新成长战略中还把日语推广作为培养和确保实施亚洲经济战略的重要手段，将其纳入事业实施时间表。进而在 2011 年 5 月发布《连接“文化与产业”以及“海外与日本”，构建崭新日本》报告，提出要讲“日本故事”，将其作为日本新产业构造之一，向世界的传播日语所代表的日本文化和理念，谋求在全球竞争中提高日本产业的附加值和竞争力。

四、日本语言推广带来的启示和借鉴

通过对战后日本语言推广的综述，我们可以看出日语对外推广始终应对国家经济增长和外交战略的变化，在制度和模式建设方面进行创新，支持日本公共外交的发展，这些都给汉语对外推广以启示，值得借鉴。

从日语对外推广的整体策略来看，官民并举是其主要特征。首先，政府在日语对外推广中发挥着主导作用，对事业的具体实施给予政策和资金上的援助。具体来说，外务省和文部科学省制定日语对外推广的宏观政策，明确相关活动的大方向，对国际交流基金等日语推广活动具体实施机构进行审批、监管和指导。进入21世纪，日语海外推广进一步与振兴日本经济发展挂钩，总务省、经济产业省等相关中央部委也参与其中。

其次，针对日语对外推广，制定了《教育法》、《教育公务员法》、《独立行政法人国际交流基金法》相关法律，从政策制定、人员配备管理、项目实施等方面明确权责，保证实施，协调推动。

第三，成立各种类型的日语推广机构，各尽其责，密切合作，有效推动日语对外传播。日本根据上述相关法律，把日语推广机构划分成四大类：国家行政机关、独立行政法人、公益法人（包括财团法人和社团法人）以及其他公益法人。这些推广机构大多是从事文化、经济、政治等国际交流的综合性事务团体，日语推广是其业务的一部分，可以放在大框下借助和结合文化、经济等方面的对外交流，扩大影响面。各个机构也是职责分明，互相合作，高效整体地推动日语的对外推广。

第四，日语对外推广形式多样，重视日语教师的培养。日语对外推广的主要形式有：成立海外据点；开设专业日语教育课程，培养国内外日语教师；开展受众广泛的日语培训活动；向海外的日语教育机构和教师以及学习者提供经济和物资援助；根据不同的需求和学习目的，举办相应的日语资格考试；开发满足不同层次和需求的日语教材；举办学术交流和调研互动等等。

第五，将日语对外推广与经济成长挂钩，推动文化产业和创新产业的发展，形成新的发展动力。同时，日语对外推广积极为投资海外的日本企业服务，在当地培养日语人才，促进日企顺利开展业务。

目前，在我国有关汉语对外推广的法律支持尚未完善，主要由直属国家汉办的孔子学院承担汉语对外推广和教学任务，办学方式比较单一，尚未充分调动社会各方面的积极参与，容易让一些国家和民众产生误解，认为汉语对外推广完全由中国政府主导，是“文化侵略”。中国也可以采取日本做法，采取政府主导和支持，各种性质的研究机构和民间团体合作运作的方式，减少负面效果。

进入21世纪，中日两国都把各自国家的语言对外推广作为发展公共外交、提升软实力的重要一环加以重视和大力发展。中国的孔子学院在世界各地通过合作办学，急速扩张，取得了一定的成绩，但是由于推广经验尚浅，民间参与度不够，甚至被一些西方国家认为是“文化侵略”，也被日本视为日语对外推广的竞争对手。反观日本依靠其战后经济、科技能力的影响以及长期一贯的发展战略，通过文化输出，逐步扩大日语的推广力度和范围，提升了国家形象和外国公众的对日兴趣。这其中有很多经验值得汉语对外推广借鉴。今后，汉语对外推广可以通过建立健全的法律保障体系，成立多样的、权责分明的、合作协调的推广机构，培养当地的汉语教师，与国家和当地经济发展相结合等措施进一步推动汉语在世界范围的影响力，为中国的公共外交发展做贡献。

借助公共外交平台，积极拓展文化软实力*

新世纪以来，随着全球化的深入发展，世界各国更加重视综合国力的激烈竞争，与之相伴的是文化软实力在国际政治中的地位和作用不断凸显。作为国际政治中能够反映各国文化的有效载体，如语言、生活方式、电影、电视等等，文化软实力更易潜移默化地被其他国家的民众所接受。在“中国威胁论”、“中国崩溃论”及“文明冲突论”等论调尚有很大市场，国际社会欧美国家占据优势的背景下，必须注意拓展中国文化软实力影响的平台及方法。作为较为成熟的理论与实践，公共外交可积极拓展中国文化软实力在国际政治中的影响力。

一、公共外交是拓展文化软实力影响的有效平台

（一）公共外交是和文化软实力密切相关的“软外交”

1. 公共外交本质上与文化软实力相通

公共外交（Public Diplomacy）理念最初定义为：“超越传

* 作者：海泽龙，北京大学国际关系学院国际政治专业博士研究生。

统外交范围以外国际关系的一个层面，它包括一个政府在其他国家境内培植舆论、加强国内利益团体与他国利益团体在政府体制以外的相互影响、借助传媒（如外交官和记者之间的沟通联系）、大到对他国政策制定以及涉外事务处理施加影响的目的。”① 随着理论与实践的不断发展，公共外交也被简单称之为“通过理解、增进和影响外国公众的方式来促进国家利益的实现”。② 而较之于“硬外交”的政府外交，公共外交就是一种“软外交”③，其特性和方式也日益丰富多彩，其较为全面的定义为：由一国政府主导实施，委托本国或者外国社会行为体，借助各种传播和交流手段与国外公众进行双向互动，以传递信息、塑造形象、影响认同、建构共识，进而更好地服务于国家利益的实现和不同文化间的交流。④

作为国家综合实力中的软实力范畴，文化软实力是软实力的重要组成部分，是一国在国际交往中因其所崇奉的思想、知识和价值得到普遍认同而获得了影响他国行为的能力。软实力的来源包括文化和意识形态吸引力，国际机制的规则和制度等资源。约瑟夫·奈认为，软实力是造就一种其他国家自愿仿效、主动追随并界定其自身利益的情势，“硬权力发挥威慑功

① 公共外交理念最初由塔夫茨大学（Tufts University）的埃德蒙·格里恩（Edmund Gulion）于1965年提出。参见：高飞：《公共外交的界定、形成条件及其作用》，载《外交评论》，2005年第3期。

② 赵可金：《公共外交的理论与实践》，上海辞书出版社2007年版，第14页。

③ 卜正珉：《公共外交：软性国力、理论与策略》，允晨文化事业股份有限公司2009年版，自序，第10页。

④ 公共外交的定义目前尚无统一版本，笔者参考但不限于：高飞：《公共外交的界定、形成条件及其作用》，载《外交评论》，2005年第3期；李志永：《公共外交相关概念辨析》，载《外交评论》，2009年第2期；曲星：《公共外交的经典定义与中国特色》，载《国际问题研究》，2010年第6期；杨洁篪：《努力开拓中国特色公共外交新局面》，载《求是》，2011年第3期等。

能，软权力起诱惑作用；硬权力发挥劝诫功能，软权力起说服作用”。[①] 文化软实力体现和维护本国国家利益的思想、观念和原则得到国际社会的普遍认同和广泛接受，可以影响他国在国际事务中的行为，减少自己在对外政策实施中遇到的抵制和阻力，从而有助于一国在国际交往中实现自己的战略目标，增进自己的国家利益。公共外交和文化软实力本质上都归属“软”范畴。

2. 公共外交以文化软实力为主要内容

国外学界在研究公共外交时，更多关注软实力的整体范畴，包括国际规则、社会制度、意识形态等，具有一定的扩张性。约瑟夫·奈则将文化列为软权力的重要源泉，他认为文化的力量虽然无形无象却又无处不在，虽然“没有导弹驱逐舰那样气势汹汹”，却能够“改变人思想感情的归属”；在全球化、信息化时代的今天，软权力的角逐作为世界各国在国际竞争中的基本形式被提到前所未有的高度，世界各国仍然在没有硝烟的战场上激烈地展开“攻心战”。而国内则更为精确地关注文化软实力，注重民族特色和人文历史。对此国内学者将公共外交定性为一种“面对外国公众，以文化传播为主要方式，说明本国国情和本国政策为主要内容的国际活动”，[②] 而中国公共外交的目的“是向世界说明中国，说明中国的文化、说明中国的

① 约瑟夫·奈将权力分为硬性的指挥权力（hard command Power）和软性的同化权力（soft cooptive Power）。所谓硬性的指挥权力就是我们常说的“硬权力”，即是建立在一个国家军事和经济实力基础上的，以经济援助和军事威胁为手段迫使其他行为主体做原来本不愿意做的事情；而软性的同化权力即是本文所讲到的“软权力”，是造就一种其他国家自愿仿效、主动追随并界定其自身利益的情势。“硬权力发挥威慑功能，软权力起诱惑作用；硬权力发挥劝诫功能，软权力起说服作用”。在文中，奈将“软权力”的来源归结为文化和意识形态吸引力，国际机制的规则和制度等资源。参见［美］约瑟夫·奈著，门洪华译：《硬权力与软权力》，北京大学出版社 2005 年版，第 107 页。

② 赵启正：《加强公共外交　建设国际舆论环境》，载《对外大传播》，2007 年第 4 期。

历史、说明中国的政策，回答外国人的不解之处，同时我们也倾听外国人对中国的评议”[①]。

（二）公共外交是拓展文化软实力的天然平台

1. 公共外交实质就是拓展文化软实力

公共外交和文化软实力密切关联，二者相辅相成，互为依托，如影随形。作为一国政府为提升本国的国际形象而开展的直接针对他国公众的公关活动，公共外交以文化传播为主要方式，以大众传媒、非政府组织及网络为主要载体，表现在文化生产、文化交流、文化教育和信息传播等诸多领域的交流交往，其传播所至，就是文化软实力影响所及。早在 1970 年，荷兰哲学家冯·皮尔森在其《文化战略》一书中就指出，文化战略就是人类的生存战略。[②]

2. 公共外交也是文化软实力建设的主要内容

约瑟夫·奈认为，软实力是规定导向、建立环境和影响别国的力量，它不靠“胡萝卜”和“大棒”，而是使得别的国家自愿学习和追随，或者所不大情愿，但大势所趋，不得不从。[③]这意味着软实力就是吸引力、亲和力与影响力。对别国的吸引力、亲和力与影响力是全方位的，既针对政府官员，也针对民间人士；既针对精英，也针对大众。官方与民间，精英与大众，也会相互影响。文化软实力使本国所倡导和奉行的价值理

---

① 赵启正：《中国公共外交的目的是向世界说明中国》，“两会”新闻报道“政协委员谈公共外交”，2011 年 3 月 5 日，http：//news. xinhuanet. com/politics/2011lh/2011 -03/05/c_ 121152537. htm。

② 丰子义：《全球化与民族文化的发展》，载《哲学研究》，2001 年第 3 期。

③ ［美］约瑟夫·奈：《美国能领导世界吗?》，军事译文出版社 1994 年版，第 25 页。

念赢得国内外受众的普遍认可，从而拓展自身国际影响，这实际就是公共外交。

二、借力公共外交平台拓展文化软实力的实施条件

（一）借力公共外交平台，拓展文化软实力的积极条件

1. 中央的相关方针政策指明了发展方向

2009 年胡锦涛主席在驻外使节会议上的讲话，指出了公共外交的重要性；2012 年 11 月，党的十八大报告明确提出，要扎实推进公共外交，开展同各国政党和政治组织的友好往来，加强人大、政协、地方、民间团体的对外交流，夯实国家关系发展社会基础。2013 年 12 月，习近平在阐述中国梦和提升国家软实力时强调，要注重塑造我国的国家形象，明确了中国政府对外传播中国文化、讲好中国故事、阐明中国价值的基本路径——这也正是中国公共外交的主题。2015 年 3 月，在两会开幕式上，政协主席俞正声再次强调：按照中央外交工作总体部署，务实开展对外交往，发挥政协专门委员会、中国经济社会理事会、中国宗教界和平委员会等在对外交往中的优势和作用，积极开展人文交流和公共外交，加强对国际形势的分析研判，讲好中国故事、传播好中国声音，努力为国家发展营造良好的外部环境。这无疑为我国公共外交的开展指明了发展方向。

2. 我国经济社会的快速发展为文化软实力提供了硬件基础

改革开放 30 余年来，我国社会经济以年均两位数的速度迅速发展，综合国力大幅度提升，2011 年 GDP 已经超越日本，

成为仅次于美国的世界第二。“软权力只有建立在硬权力的基础上才成其为权力。硬的经济和军事权力的增长会提高自信心、自负感，以及更加相信与其他民族相比，自己的文化或软权力更优越，并大大增强该文化和意识形态对其他民族的吸引力。”[①] 硬实力的强大底气为我国公共外交奠定了良好的基础。

3. 我国对外交流交往日益增多并逐步融入全球化进程

民众是国家形象、民族文化的最好代表。随着改革开放的深入和全球化的发展，中国日益融入全球经济和地区一体化进程，中国公民和企业及民间组织越来越多地走出国门，迈向世界，其外交意识和能力也有了较大的提高。而与之相对应的，我国与国外的文化交流、信息交流、人员交往等也随之水涨船高。据统计，2014 年 1—12 月入境旅游外国人总数已达 2636 万人[②]；而 2014 年 11 月，中国内地公民当年出境旅游首次突破 1 亿人次，跨入“亿世代”[③]。这无形中给我国公共外交发展、积极拓展文化软实力的国际影响提供了强有力的内在支撑。

4. 我国民众的文化自信日益提高

随着经济实力的发展和人民生活水平的提高，以茶道、书法、收藏等为代表的中华传统文化越来越流行，民众的文化自

---

① ［美］塞缪尔·亨廷顿：《文明的冲突与世界秩序的重建》，新华出版社 1999 年版，第 89 页。

② 《2014 年 1—12 月入境旅游外国人人数（按目的分）》，国家旅游局网站，统计数据，2015 年 2 月 2 日，http：//www. cnta. gov. cn/html/2015 - 2/2015 - 2 - 2 - 10 - 54 - 94590. html。

③ 《内地公民年出境旅游首次突破 1 亿人次意味着什么》，凤凰网旅游，2014 年 12 月 6 日，http：//travel. ifeng. com/youzouquanqiu/detail_ 2014_ 12/06/39696860_ 0. shtml。

信心日益提高，而与之相对应的中华文化的实力与基础日益蓬勃发展。这给文化软实力拓展影响、开展公共外交提供了雄厚的社会人文基础。2005 年，约瑟夫·奈撰文《中国软权力的崛起》称，中国的传统文化一向很有吸引力，而且如今已经进入到世界性的通俗文化范畴内；影片《藏龙卧虎》被国际观众广为认可，就曾创下非英语影片最高票房纪录。[①] 也许，这部影片在海外的成功就在于以一种独特的方式向国际社会传递了我们的“和”文化。

（二）借力公共外交平台，拓展文化软实力的消极因素

1. 文化软实力“西强我弱”的局面还没有根本改变

目前的世界格局中，以欧美等西方大国占据优势地位的局面短期内较难改变，其在经济发展、文化传播以及影视制作等领域较为强势。以美国好莱坞、英国广播公司（BBC）等为代表的西方文化传播机构，每年输出大量的电影、电视节目，冲击世界各国的影视市场；而在报刊、杂志及互联网等传播媒介，西方依旧占据巨大市场。西方国家还借助自身较为优越的经济及综合国力的优势，试图实施“文化入侵”，以阻碍新兴国家包括文化软实力等在内的诸多领域发展，实现文化领域的“依附论”。而我国作为发展中大国，其文化输出及文化传播较之相对较为薄弱，开展公共外交和拓展文化软实力影响均面临较大压力。

---

① ［美］约瑟夫·奈：《中国软权力的崛起》，《华尔街日报》（亚洲版），2005 年 12 月 29 日。

2. 文化软实力和公共外交未适应我国不断上升的国际地位和丰富的文化资源现状

目前，我国 GDP 总量 2010 年已经超过日本，成为仅次于美国的世界第二。且中国 GDP 规模越来越大，按汇率法计算，2014 年 GDP 已经超过了 10 万亿美元，按购买力平价方法计算也达到了 17 万亿美元，世界上只有两个国家，即中国和美国，具有这样的经济规模。[①] 但硬实力的发展并不意味着文化软实力的必然提高。“中国威胁论”等非议依然不绝于耳，周边国家和世界对我国的误解和怀疑并未完全消除，一些国家则试图扩大与中国的争端摩擦[②]，“构筑对华包围网”[③]。拥有悠久历史的中华文化必须让更多的他国普通民众所了解，这样才能更好地占据国际竞争中的有利地位，为 21 世纪中国的战略机遇期营造一个良好的国际环境。“要把中国的故事更好地告诉世界，让世界听得懂中国和谐的声音。”

3. 公共外交的发展尚待提高

较之先前以政府为主导的政府间外交，我国的公共外交面临许多挑战，相关理论建设尚处于起步阶段，在体制建设、整合资源以及民间组织、智库和公众参与公共外交等方面都有提高的空间，相关部门的工作方式、话语体系和人员素质建设等存在诸多需要改进之处。尤其是公共外交所面对的外国民众，其语言文字、文化背景、历史传统、社会制度与我国有区隔甚

---

① 《新常态：中国经济发展阶段的升级版》，人民网国际频道，2015 年 4 月 15 日，http：//world. people. com. cn/n/2015/0415/c157278 – 26851001. html。

② 《日本公然撺掇 G7 插手中国南海问题 中方回应》，《环球时报》，2015 年 4 月 17 日。

③ 《G7 对华政策现温差 日拟借海洋安全构筑对华包围》，环球网国际新闻，2015 – 04 – 16，http：//world. huanqiu. com/exclusive/2015 – 04/6202266. html。

至重大差别，相关公共外交的实际效果会因此受到影响。我国需要逐步形成政府主导、多方位参与的模式，努力构建全方位、多层次、宽领域的格局，促进中国和世界各国之间的相互理解和互信。

4. 文化软实力与公共外交之间的协调与统筹尚待加强

文化是一种资源，但是资源不一定能转化为力量，也不一定能发挥自身应有的影响。借助公共外交的重要平台，将中国的文化以别人喜闻乐见的方式传播出去，给古老的中华文化资源解密，才能将其转化为外交影响力。很长一段时间以来，我国文化软实力优势并未充分发挥。实际上，我国有丰富的传统文化资源，有成功的经济崛起实践，有与世界打交道的上千年历史经验，需要整合文化软实力和公共外交，协调和统筹好二者关系，从而积极拓展文化软实力影响，为世界各国贡献不同于西方社会话语的精神财富。

三、借力公共外交平台拓展文化软实力影响的国际经验

（一）借力公共外交拓展文化软实力影响的大国经验

在欧美和日本等发达国家，作为传统的大国，基于其既有的国际化影响和国际战略的需要，已广泛借助公共外交平台，积极拓展文化软实力影响，并取得良好效果。其具体举措主要包括有：

1. 重视通过公共外交拓展文化软实力影响

自20世纪90年代以来，美国总统直接领导的国家安全委员会高度重视运用文化软实力维护国家安全特别是文化价值观安全。国家安全委员会每年一度的《国家安全战略报告》中文化安全占有重要地位。“9·11”事件以后，以美国大众文化对外传播为主要内容的文化软实力拓展被赋予了更多的安全战略意义。在反恐战争的背景下，《国家安全战略报告》开宗明义便提出，“在世界推行、保卫美国式的价值观念和生活方式是美国安全战略的灵魂与核心。”①

2. 设立专门机构承担公共外交任务与拓展文化软实力影响

英国的公共外交战略的执行机构包括：英国外交部、英国文化协会、BBC国际广播执行部门的代表等组成的公共外交战略会议。虽然一战后国际地位下降，但面对其他国家的文化攻势，英国奋起直追，从1920年起就开始制定自己的对外文化政策，并在30年代后成立专门的机构，负责协调和组织实施对外文化交流活动，扩大英国文化的国际影响力。英国外交部还成立了公众外交总司，积极开展对他国的公众外交，影响他国公众舆论，培养亲英的统治精英，扩大了自身的文化影响力。

3. 开展由政府主导或扶持的文化交流项目拓展文化软实力影响

1986年，日本文部省拨出巨资，设立“国际日本文化研究中心”，为国外学者研究日本文化提供资助和便利，每年从世界各国邀请一定数量的访问学者到日本进行研究。仅时

① 张玉国：《国家利益与文化政策》，广东人民出版社2005年版，第99页。

隔一年，在日本总务省、外务省和文部科学省的联合推动下，实施“招募国外青年进行外语教学指导项目”（The Japan Exchange and Teaching Programme，简称 JET 项目），就发展成为世界上规模最大的国际交流项目之一，在获得极高的国际声誉的同时，也拓展了自身文化软实力。[①] 1996 年以来，日本还先后制定、修改了许多扶持文化艺术的政策和计划。其中将“推动国际艺术交流事业”作为重点开展的四大事业之一。[②]

4. 扶植和协调资源，通过强大的传媒手段潜移默化地传播

2003 年 11 月，美国白宫官员曾经与好莱坞各大制片公司负责人在洛杉矶举行会议。双方达成协议，确定电影业将为反恐战争发挥作用。好莱坞各大制片公司表示，尽可能为美国政府制作以反恐为题材的公益片。[③] 随之，包括《猎杀本·拉登》、《拆弹部队》等一系列“既叫好又叫座”的反恐战争影片应运而生。此类好莱坞影音制品在世界各国的传播与扩散，不仅可以使美国谋取巨额商业利润，还能减少他国民众对其反恐战争的抵触，增强对其价值观的认同，进而潜移默化地影响他国大众的选择倾向，吸引更多的国际盟友。此过程实际也正是美国文化软权力实现的过程。

5. 加强与本国语言相关的对外传播

语言是文化的重要载体。自近代殖民扩张以来，法国从未停止过法语的对外传播，在世界各地抢占语言阵地。二战后，

---

① 参见财团法人自治体国际化协会网站：http：//www. clair. or. jp/。

② 俞新天等：《强大的无形力量：文化对当代国际关系的作用》，上海人民出版社 2007 年版，第 71 页。

③ 《好莱坞将为反恐发挥作用》，搜狐新闻，2004 年 8 月 6 日，http：//news. sohu. com/20040806/n221402342. shtml。

随着综合国力的衰落和殖民体系的瓦解，法语的地位下降，影响日益缩小，法国对此深感忧虑。为维护自身大国地位，法国于1970年成立了“法语国家组织”；[①] 同时采取措施，加强与本国语言相关的对外传播。在国际社会，直接用法语而不借助包括英语在内的任何其他语种作为传播媒介；出口的图书、音像制品等大多是法文，很少翻译成外文等；与国际社会合作开通法语卫星电视，向全球传递法语节目等。与此同时，在法律、制度和政策层面提供有力保障，如制定《关于法语使用的法案》。

（二）借力公共外交，拓展文化软实力影响的韩国经验

与欧美及日本等传统大国不同，韩国作为中国的重要邻国，与中国同属中华文明圈。虽然朝鲜半岛尚处于南北对峙、尚未统一，韩国自身的文化软实力较之历史悠久的中国略显单薄，但通过长期的不懈努力，韩国有效利用了公共外交的平台，积极拓展文化软实力的影响，在国际上取得了巨大的收益，其成功经验更值得中国借鉴。

1. 通过文化产业形塑大国形象

以“汉江奇迹”为代表的经济腾飞，韩国打造出了“三星”、“现代”、“LG”等国际知名品牌，成为东亚地区的发达国家，文化产业也日益繁荣。而随着公共外交的兴起，韩国认识到文

---

① 20世纪60年代，法国总统戴高乐提出了建立“法语共同体”的设想。1970年，21个法语国家在尼日尔首都尼亚美召开的会议上签署了成立文化技术合作局宪章，标志法语国家组织（Organisation Internationale de la Francophonie）的成立。首届法语国家首脑会议于1986年召开，此后基本上每两年举行一次。法语国家组织目前拥有53个正式成员，2个协作成员和13个观察员，占联合国成员的1/4强，总人口达8.0344亿，其中有2亿人使用法语。

化产业不仅仅是发展经济的支柱产业，更是进行文化对外宣传，提升韩国国际形象的重要手段，因此大力发展文化产业，形成“韩流”输出，并将跆拳道与整容也纳入其公共外交设计。通过其有韩国特色的公共外交，韩国所收获的不单单是文化产业的巨大收益，而且其向国际社会尤其是海外大众传递韩国自身是一个既保持自身传统文化而又实现了现代化的国家形象。

2. 通过“韩流”展示韩国特色文化

“韩流”作为20世纪90年代中期后，以韩国影视剧等为代表的韩国大众文化及其生活方式的大规模输出，不仅成功地挤占欧美消费市场，而且被纳入到公共外交轨道。“韩流”不仅带来了巨大的经济效益，同时还改变了海外公众特别是欧美国家对韩国的印象，对加强韩国与世界各国民众之间的相互了解起到了重要作用。以《大长今》为例，其通过影视与文化价值的完美结合，引导海外观众由认知韩国历史、文化、医学，乃至哲学。从《大长今》到《来自星星的你》，从李英爱“女神”到金秀贤“男神”，尤其是鸟叔的《江南 style》和“骑马舞”，不但风靡一时，而且广为东亚地区乃至国际社会的认可和欢迎。

3. 通过坚持文化自信彰显个性

国家行为体在经济强大之后，不可避免地会想办法去捍卫自己的民族形象，增强自身在国际社会的地位，而悠久的历史和灿烂的文化无疑是打造民族形象的关键因素。新世纪以来，韩国政府积极推进公共外交，提升韩国特色，甚至不惜将其首都名称“汉城”改为“首尔”。[1] 2013年12月，为了将本国泡

---

① 《韩国首都新称——首尔》，光明网，2014－06－25，http：//tech. gmw. cn/2014－06/25/content_ 11730762. htm。

菜与中、日泡菜区别开，韩国有关部门甚至绞尽脑汁地将“韩国泡菜”命名为“辛奇”。而从2005年韩国“江陵端午祭”成功申遗至2014年，韩国有11个项目被列入世界遗产名录，乃至韩国少数人将孔子、李白、曹操等中国历史名人“归入”韩国，给世人留下了热衷“申遗”的印象。

四、结语

中华文化源远流长，博大精深，以至于在展望人类走向“一个世界”和“单一社会”的前景时，有学者断言称，这个统一的“轴心不在美国、欧洲和苏联，而是在东亚”。[①] 实施中国文化“走出去”战略，积极拓展文化软实力影响，可为民族复兴、国家富强的“中国梦”营造更好的国际环境，而公共外交在拓展文化软实力影响中的重要作用有诸多成功经验可借鉴。目前，我国在拓展文化软实力影响中的公共外交初显成效，但尚难以与欧美等国在该领域所取得成就相比。“凡事预则立，不预则废”，我国应该汲取相关国家的经验，及早制定相关战略，采取具体举措，不断充实公共外交平台，借助公共外交平台积极拓展文化软实力影响，及时准确地将富有中国元素的信息传递给世界，增进世界对中国文化及核心利益的理解和认同，对中国国情和发展道路的全面了解和正确理解，确立中国在世界各国及其民众中的良好形象，以早日实现“中国梦”。

---

① ［英］汤因比、［日］池田大作著，荀春生等译：《展望二十一世纪——汤因比与池田大作对话录》，国际文化出版公司1985年版，第295页。

美国社会中的政治无意识与文化自觉

——以 2012 年超级碗克莱斯勒广告为例[*][**]

软实力是一个国家综合实力的重要组成部分，是“文化和意识形态的无形力量”。软实力是国家实力所根植的土壤。美国的强盛之道必然要从软实力之中寻找踪迹，而软实力中一个重要的构成要素是美国主流社会文化构建而形成的政治无意识与文化自觉。这两种思维都属于意识形态范畴，但分别处于其不同层面。政治无意识是西方马克思主义学者弗雷德里克·詹姆逊提出的概念，其主要意义在于对文化作品进行开放性的分析，将其置身于与作品相关联的社会、历史、阶级、主体欲望的历史时空之中进行解读，还原作品所反映和生成的真实政治、历史背景。而文化自觉是由中国学者费孝通所提出，旨在描述及引导一个民族紧跟时代变化、认识自身文化的主动欲望与自觉行动。包括美国影视作品在内的美国文化作品对于研究美国政

---

* 本文参考了笔者的博士后出站报告中的第三章“政治无意识与美国电影中的文化自觉”。

** 作者：徐海娜，中央对外联络部《当代世界》杂志社编辑。

治、社会、文化是不可或缺的分析文本，通过政治无意识的解读方法可以窥见创作者、参与者以及所有被反映者不欲为外界所知的深层真实欲望及意图。本文以 2012 年美国超级碗赛事中的克莱斯勒广告为例进行分析，旨在分析美国主流社会中的文化自觉如何在建构社会主流文化的过程中形成一种政治无意识，不断对政治社会事务进行批判性的纠偏。

一、政治无意识与文化自觉

在美国的文化产品中，无论是小说、电影、电视、广告，甚至包括影星本人及其系列作品，都可以用政治无意识这一概念进行解读，剖析其内部的思维逻辑和脉络，因为创作者的策划及构思都由具体而特定的时代、阶级、主体欲望等等因素决定，而这一切都是历史的、客观的，其所产生的历史、社会背景是真实存在的，无论是在怎样的文本中，我们都可以据此追溯时代的主题、社会背景、民族心理等等。

（一）政治无意识

“政治无意识”这一学术概念由西方马克思主义大师弗雷德里克·詹姆逊首次提出。詹姆逊将结构主义的文本分析法、马克思主义的意识形态分析理论与精神分析理论相结合，形成了独特的“政治无意识”理论阐释体系。

弗洛伊德的无意识理论被称为个体无意识。其研究主要主张无意识大多起源于人的本能的驱动力，即“力比多”，又称为“性力”。之后，卡尔·荣格将这一概念发展成集体无意识。

为了更好地理解集体无意识概念，荣格提出了本能和原型（即原始意象）。“本能是典型的行为模式，任何时候，当我们面对普遍一致、反复发生的行为和反应模式时，我们就在与本能打交道”。例如，遇到危险情况，人会因恐惧而发生心跳加速、手足冰冷等生理反应。而原型是一种“典型的领悟模式，无论什么时候，只要我们遇见普遍一致和反复发生的领悟模式，我们就是在与原型打交道”[①]。本能与原型共同构成人的集体无意识。[②] 人在面临相同的情境时，会产生大致相同的感受，并本能地做出反应。这种本能的反应，即是荣格定义下的全体人类所共有的“集体无意识”的表现。[③] 比如怕黑、讨厌蛇等软体动物等。

在《政治无意识》一书中，詹姆逊并未给出“政治无意识”的明确概念，李广仓教授在《论詹姆逊“马克思主义”阐释学批评理论》一文中所做的分析准确中肯。该文指出，“政治无意识”是一个复合概念，大体上可从两个方面去理解。从主体方面说，它是人们在特定时空环境下的“政治观念和意识形态认知模式，这种政治观念既包含从外部强行灌输进去的显性政治观念（压迫、强制）的残留物”（比如，美国社会主流文化中的“上帝选民”、“天定命运”观），“也包括人们自然而然形成的类似于荣格‘集体无意识’思想观念，是一种人

---

① 车文博：《意识与无意识》，辽宁人民出版社 1987 年版，第 10 页。

② 奥地利著名心理学家荣格认为，原型是集体无意识的内容。其存在并不取决于个人后天的经验，它在人的一生中都不会被意识到。通过遗传，个人从祖先那里继承原型，但个人并不能有意识地回忆或者拥有祖先曾拥有过的意象，而是出于一些先天的倾向或者某种程度上潜在的可能性，人类采取与自己的祖先相同的方式来面对世界和做出反应。——笔者注

③ 胡帆：《对荣格集体无意识的浅析》，载《萍乡高等专科学校学报》，2003 年第 2 期。

们普遍拥有的意识形态‘思维逻辑’”。[①]

“从客体方面说，政治无意识往往积淀在文化制品（统称文本）中，通过对文本的细致分析，可以追索这种政治无意识的踪迹。写作主体在创制各种文本时，他和他所代表的阶级阶层的‘政治无意识’就会在暗处起作用，他表面上的确是在写私人情感，但实际上是一种‘政治无意识’的投射。在文化制品中，阶级压迫、主体的无意识欲望等等，都可以象征性地在文本中被‘消解’或‘实现’。从古老的神话故事、民间歌谣，到资产阶级现代小说、后现代文化产品概莫能外。”[②] 这一概念的重大意义在于，此后对包括电影、小说、历史文件等一切文本的分析，都超越了该文本自身的封闭结构，而与其所产生的具体的历史、社会时空发生了勾连。

用美国学者路易斯·贾内蒂的话能够更通俗地解释政治无意识的作用范围和力度，即有人会宣称他毫不关心政治，但事实上生活中没有任何事能避免不涉及意识形态。不管他们是否觉察到这件事，人们对工作、家庭、宗教等事物的态度，都会与意识形态相关。这就是政治无意识。

（二）文化自觉的提出及其涵义

“文化自觉”是费孝通先生在1997年北京大学举办的第二届社会学人类学高级研讨班上“首次具体采用”[③] 的概念，具

---

① 李广仓：《论詹姆逊“马克思主义”阐释学批评理论》，载《大庆师范学院学报》，2005年，第7期。

② 李广仓：《论詹姆逊“马克思主义”阐释学批评理论》，载《大庆师范学院学报》，2005年，第7期。

③ 费孝通：《关于“文化自觉”的一些自白》，载《学术研究》，2003年第7期。

体指“生活在一定文化中的人对其文化的‘自知之明’，明白它的来历、形成过程、在生活各方面所起的作用，也就是它的意义和所受其他文化的影响及发展的方向，不带有任何‘文化回归’的意思，不是要‘复旧’，但同时也不主张‘西化’或‘全面他化’”。[①]

费先生的“文化自觉”概念其产生基础是“乡土中国”。从费孝通先生围绕“文化自觉”这一概念撰写的相关文章中可以看到，“文化自觉”这一概念的产生与费先生当年著名《江村经济》、《被土地束缚的中国》、《乡土中国》等著作的渊源。尤其是《江村经济》，费孝通的老师马林诺夫斯基对该论文的评价是人类学发展中的“里程碑”，该论文将人类学的研究从只研究所谓“野蛮人”推进到“用人类学的田野工作方法来研究自己熟悉的本乡‘文明人’的生活”；是“开始自觉地认识自己文化的行为”。[②] 通过对20世纪40年代文化自觉的先行到20世纪90年代提出文化自觉，费孝通用自己的学术人生勾勒了一个完整的文化自觉探索图景。在他看来，通俗地讲，文化自觉就是一个民族要求自己认识自己的文化，紧跟时代变化，认识自身文化的自觉行动。

围绕对文化自觉的讨论，在中国国内产生了许多对于文化自觉的阐释，其中最具代表性的观念如下：

“文化自觉”是现代人类社会的普遍现象，广泛存在于民族国家之中。如果把人类文化的历史分三个阶段的话，“文化

---

① 费孝通：《反思·对话·文化自觉》，载《文化与文化自觉》，群言出版社2010年版，第195页。

② 费孝通：《开创学术新风气》，载《文化与文化自觉》，群言出版社2010年版，第180页。

的自觉”则是第三个阶段。在此之前，要经历“自发的文化”和“自觉的文化”两个阶段。从原始人的岩画到原始人的面具就已经经历了这两个阶段。“人类只有进入了文化的自觉才有了文明的进步。”①

所谓“文化自觉”有两点最重要：一是人要在意念之中将文化摆在重要位置，心有所虑，才会有所表现；一是人要将自己置身于文化发展的进程之中，并为之担承力所能及的责任，将优秀文化传承下来并光大下去。②

“文化自觉表现为社会大众主动自觉的、平等沟通的行为和过程，它既不是少数人对于多数人的事情，也不是精英对于庸人的事情，同时，它无需刻意推行激进的行动，而其文化效果的力度与向度在悄然之间达到一种理想状态。”③ 为了更好地理解文化自觉，研究者把文化启蒙和文化自觉做了比较，指出“文化自觉和文化启蒙的区别在于：文化启蒙是少数的文化精英队所谓的蒙昧大众实施的强迫性思想震惊”，整个过程是一个大众被精英“被动的解放”的过程，而且启蒙的过程往往需要借助声势浩大的造势运动，“文化启蒙也是一种文化自觉”，“从生成过程看，没有文化启蒙，文化自觉步伐就要迟缓得多；从生成条件看，文化启蒙甚至是文化自觉所不可或缺的前提；从所处阶段看，文化自觉是文化启蒙的高级阶段，至少是较为成熟的阶段”。④

中国共产党新闻网的署名文章提出：“文化自觉，主要指

---

① 冯骥才：《呼唤全民的文化自觉》，载《山东艺术学院学报》，2011 年第 3 期。

② 曾祥铣、胡长斌：《关于“文化自觉”的讨论》，贵州省写作学会 2007 年学术年会交流论文，http：//www. wypl. zync. edu. cn/bencandy. php？ fid = 9&id = 102。

③ 邓永芳：《何谓文化自觉?》，载于《读书》，2007 年第 10 期。

④ 邓永芳：《何谓文化自觉?》，载于《读书》，2007 年第 10 期。

一个民族、一个政党在文化上的觉悟和觉醒，包括对文化在历史进步中地位作用的深刻认识，对文化发展规律的正确把握，对发展文化历史责任的主动担当。”这篇文章可以被理解为中国官方对文化自觉的理解及含义定位。[①] 文章指出，“文化自觉是一种内在的精神力量，是对文明进步的强烈向往和不懈追求，是推动文化繁荣发展的思想基础和先决条件。历史和现实表明，一个民族的觉醒，首先是文化上的觉醒；一个政党的力量，很大程度上取决于文化自觉的程度。可以说，是否具有高度的文化自觉，不仅关系到文化自身的振兴和繁荣，而且决定着一个民族、一个政党的前途命运。”[②] 此后，党的十七届六中全会提出，要培养高度的文化自觉和文化自信，努力建设社会主义文化强国。随后有许多针对该倡议的阐释性文章，文章观点也多在围绕文化自觉与社会主义核心价值体系构建，文化自觉与文化强国、文化大国的构建，文化自觉与和谐社会等命题作文，形成了一次对文化自觉的探讨热潮。

此外，有中国学者将费孝通的“文化自觉论”与亨廷顿的

---

① 其他有代表性的相关文章有，乐黛云：《以“文化自觉”面对新的“中西相遇”》，《中国教育报》，2006 年 12 月 12 日第 3 版；王蒙：《文化自觉与文化自信》，《人民日报（海外版）》，2011 年 8 月 3 日第 1 版；程美东：《在文化自觉中探寻中国现代化的归宿》，《中国社会科学报》，第 233 期；王能宪：《我们需要什么样的“文化自觉”》，《人民日报》，2011 年 11 月 15 日；《什么是“文化自觉”怎样做到“文化自觉”》，载“宣讲家”网站，http://www.xj71.com/2011/1116/646616.shtml，上网日期 2011 年 10 月 22 日；瞿林东在《文化自觉与社会发展》一文中的评价，见 2003 年 5 月 27 日《光明日报》理论版；鲁洁：《应对全球化：提升文化自觉》，载《北京大学教育评论》（季刊），2003 年 1 月 10 日创刊号；王雾：《中国共产党人的文化自觉》，载 2002 年 1 月 16 日《中国读书报》；邓永芳：《现代化境遇中的文化自觉》，2004 年硕士论文，等等。

② 云杉：《文化自觉文化自信文化自强——对繁荣发展中国特色社会主义文化的思考》，载中国共产党新闻网，http://theory.people.com.cn/GB/41038/12395234.html，2011 年 10 月 21 日。

“文明冲突论”并列，看成是当今国际上不同的两大有代表性的文化理论学说。①

总体而言，在中国展开的关于“文化自觉”的讨论与研究分为学术研究与政策探索两个层面。总体而言都属于“开药方”。不论学界还是政界都以“文化自觉”为良药，试图在经济全球化阶段，对中国文化的发展方向进行探索并给以有价值的借鉴，使中国走向民族复兴，文化崛起。

（三）政治无意识与文化自觉

在中国，文化自觉的概念与乡土中国相连。费孝通先生在20世纪30年代提出了乡土中国的问题，90年代又提出了文化自觉的问题。其中，文化自觉的出发点是正确理解自身文化与他者文化，根本目的是寻找中国文化的发展方向，解决100年来被困在中西文化两难抉择之中的中国知识分子的困惑。而政治无意识是西方马克思主义大师弗雷德里克·詹姆逊提出的著名概念，这一结合了马克思主义意识形态分析、心理学和文化分析的概念自提出后，成为对一个国家的文化文本进行分析进而分析民族国家、政治社会实况与心理的内窥镜。本文将依托政治无意识与文化自觉两个概念，对美国2012年超级碗克莱斯勒广告进行分析，从而指出好莱坞对美国文化的弘扬既符合政治无意识行为也符合文化自觉，是对立统一的精神文化塑造过程。

---

① 张圣华：《关于文化自觉与跨文化理解问题——访北京语言大学教授李庆本博士》，《中国教育报》2003年1月16日，第7版；乐黛云：《文化自觉与文明冲突》，载《文史哲》，2003年第3期。

将上述政治无意识与文化自觉的概念进行对比，笔者认为，文化自觉是指一个国家的主流社会有意识地对文化进行特定导向和构建的行为。与文化启蒙在同一个层次；和政治无意识二者分属精神分析学的意识和无意识层面，从大方向上看，文化自觉和政治无意识都属于文化大概念层面，是统一的，但从表现形式上讲，它们是不同的，前者属于显性行为，而后者属于隐性行为，二者既对立又统一。

文化自觉是自从有人类文化以来就有的，它是一种创新行为，当人类有了表达、记录和总结自己文化的需求就开始有了文化自觉。具体到一个民族国家，就是这个国家内部主体为了本民族文化的发展与繁荣，在与他文化的碰撞交流中取长补短、不断提升的过程。

文化自觉永远是创新性的，基于文化自觉的每一次探索都是文化的创新与政治无意识的更新。在文化自觉创新的过程中不总是正确的，也有错误出现。被时间检验过后证明是对了的东西，就逐渐沉淀下来，久而久之形成了民族集体的政治无意识——思维的出发点，类似于传统与代际传承的习得观念，但处于无意识层面。此时政治无意识与文化自觉二者的关系就像珊瑚礁与珊瑚虫，珊瑚虫不断生长，珊瑚礁才能不断体积增大，才能拥有美丽的造型，而珊瑚虫也离不开旧的礁体。

在文化自觉行为发生错误的时候，就背离了民族的政治无意识。有时是因为商业目的，有时是某种思潮非理性的驱动，文化自觉会变得过于严格、过于生硬，抹杀掉无意识中需求与认可的东西。

文化自觉是政治无意识的调节器，政治无意识不可能是一成不变的。在文化自觉前进的路上，政治无意识也在不断吸收新的营养，剔除不符合时代需求的东西。例如美国保守主义思潮与自由主义思潮。在20世纪六七十年代，自由主义风头一时无两，但风潮过后，人们的政治无意识很快产生一种平衡需求，社会出现了对保守主义的需求与保守主义回归的文化自觉。不过即便如此，自由主义的思想也不可能被全盘抹杀，种族平权、妇女权利等思想成果也被固定下来，成为社会大部分人群的政治无意识，并且通过代际传递最终扎下根来。

文化自觉及政治无意识的异同之处大致如下：

第一，政治无意识积淀在文化制品中，需要返回到作品产生的具体时空进行解读，以揭示作者在创作时不自觉的、无意识流露的、本不欲为人所知的心理与情感活动、价值观念等等；而文化自觉则是主流社会精英为把握文化的未来发展方向刻意进行的研究行为，并会开展相应的宣传工作，以扩大受众范围。

第二，政治无意识发生在主体的无意识层面，主体不自知，甚至会否认；文化自觉发生在意识层面，属于主体的有意识行为。

第三，二者都可以被纳入意识形态的总范畴，政治无意识的范畴更大，包含了文化自觉。

第四，受众接受作品中的政治无意识信息传递的过程同样发生在无意识之中，通过暗示或是隐藏在故事情节中的信息，读者或者观众接受了作者隐藏的本意；而文化自觉则正好相反，包括大众和精英在内有明确的目的和意图，而自动地做出相应的努力。

第五，政治无意识的主体范围要大于文化自觉。对本民族文化发展有自觉意识的人主体为知识分子，也包括对之关切的响应者。政治无意识的主体更加广泛，只要生活在政治之中的人就难以摆脱政治无意识，几乎所有人都生活在政治之中。

具体对比如下表：

	政治无意识	文化自觉
作用方式	隐秘的，在无意识层面流通	公开的，在意识层面起作用
载体	积淀在文化制品中（小说、电影、电视、戏剧等文化制品）	包括各种文化制品及文化政策、会议、研讨会等其他活动
主体	无意识层面，主体不自知	主体有意识层面的建构行为
与意识形态①的关系	意识形态的隐秘部分	意识形态的外层部分
接受	通过感知，或者通过专门的分析得以在语言层面揭示	通过感知，也包括明确的语言形式（书面、口头）

政治无意识与文化自觉在许多时候是结合在一起的，不论在哪个国家都是常见现象。影视产品属于艺术范畴，其中所表达的理念是经过掩饰的，进行曲折和委婉的表达，属于政治无意识层面；但又承担着弘扬民族文化、促进自身价值观念传播的功能，因此，同时又融合了文化自觉的成分。因此任何一部影视作品（包括广告、MTV 等音像制品）都是政治无意识与文化自觉的“共同孩子”。

比如美国在二战期间，呼吁电影界积极配合，大量制作能够鼓舞士兵和国民士气的影片；中国在国庆节期间也会鼓励制作相关的文艺作品。在这个过程中，国家这种有意识建构行为

① 意识形态有诸多概念，文章此处意识形态是广义的意识形态，是意识形态的一般总称，等同于价值观念。——笔者注

形成一种自觉性，而创作者有意识自觉性响应的同时，也在制作过程中，在文化制品中加入了个人的政治无意识。

二、2012 年超级碗克莱斯勒广告

美国的政治文化与宗教文化紧密结合，许多政治理念都浸润了宗教思想，而宗教生活在美国社会生活中占有无法替代的作用，因此，由此而形成的政治无意识添加了宗教色彩，对文化自觉施加了非常大的影响。

既然文化自觉的属性就是创新性，那么它最重要的功能就是弘扬和批判。在美国的文化产品中，这两点都表现得很充分。

（一）广告内容及美国国内反应

广告作为影像产品的一种重要形式，其主要目的就是传达产品的内容与精神，其商业属性与意识形态属性与电影是相同的。有些电影和电视产品也植入广告，更有甚者用整个产品作为节目的主题。另一方面，现在许多优质广告早已超越了早期简单的重复产品名称这种简单的暗示法，邀请优秀导演和电影电视巨星拍摄，类似微电影。美国超级碗中场所播放的广告就是此类大企业重金打造的优质产品。《2012 年美国超级碗十佳汽车广告精选》[①] 可以对政治无意识与文化自觉的结合做出生动的解读。

① 《2012 超级碗十佳汽车广告精选》，影像资料来源凤凰视频，http：//v. ifeng. com/fashion/car/201202/da775896 - 9da7 - 41ca - b1ce - b9aa3a049c2c. shtml，2012. 2. 15。

在《2012年美国超级碗十佳汽车广告精选》中，排在第一位的是由美国的著名演员、导演克林特·伊斯特伍德出演的克莱斯勒汽车广告。广告的题目是《美国的中场时间》（Half-time in America）。

情节如下：

在比赛的中场休息时间，克林特·伊斯特伍德从赛场通道走出，随着镜头掠过一幢木屋和远处的朝阳，伊斯特伍德的旁白响起："休息室的门紧锁，交战双方还在群策群力，下半场该如何翻盘……""对美国人来说亦是如此。"

"人人忙忙碌碌，尽其所能走出萧条的阴霾。"（画面：镜头给朝阳中的城市一个全景，高楼大厦蒙上一层光彩。）

"我们每个人都有点惊慌，毕竟这是一场竞技。底特律人知道该怎么做，他们几乎倾其所有。"（画面：一对普通夫妇沉睡刚醒，丈夫由超级巨星丹泽尔·华盛顿出演；镜头闪过正在建筑的楼房、在晨光中飘扬的美国国旗，汽车工厂正在生产。）

"我们将积蓄力量，汽车城重新出发。虽然未曾谋面，但我已经看惯世事沧桑，经历人生起伏。"（画面：晨光中，到处都是吊车、脚手架。）

"感觉一切都在慢慢恢复，虽然被浓雾、不合等遮蔽双眼，很难看清楚光明的前路，但看了这些小伙子的努力之后……我们需要团结一心，勇往直前。"（画面：晨光中，小伙子们的剪影、电视台的点评、美国政府的办公楼前的抗议示威的人群、各行各业的普通美国人的黑白照片，有情侣、母亲抱着孩子、一家人、消防员。人人表情平静安详。送孩子到学校的是丹泽尔·华盛顿。）

"我们所做的一切，就是为了找到一条复兴之路。我们要思考，为什么会落后，如何才能力往一处使，反败为胜。底特律已经做出表率，对他们来说正当时，对我们大家都是如此。”（画面：公路上车轮滚滚，货车、普通人用车，汽车生产线一辆辆闪亮的成品新汽车，镜头摇向天空、树梢、白云。）

“一次重击不会击垮美国，我们正重新集结。让全世界响起底特律引擎的轰鸣。”（画面：伊斯特伍德的特写，严肃认真的脸。）

“对，现在只是美国的中场时间，下半场才刚要开始。”

广告内容充分展现了美国商界的爱国主义文化自觉与对国家未来发展的乐观精神。但是广告一经播出，引发了巨大的争议，褒贬不一，尤其是由广告引发的关于商业的政治本性的讨论日益加剧。

人们普遍认为广告有政治意涵，就其意涵为何展开了激烈的争论。甚至克林特·伊斯特伍德也被抛上了话题的风口浪尖。包括前总统候选人里克·佩里、前总统布什顾问卡尔·洛夫以及专栏作家米歇尔·马尔金在内的共和党的政治人物及智囊人士都对克莱斯勒广告做出了批评，指出这个广告的政治基调很明显是在支持奥巴马政府。① 马尔金讽刺道，“没看错吧，我看到的是克林特·伊斯特伍德出演了一支汽车工业的紧急救助广告吗？”② 2011 年 11 月伊斯特伍德曾公开批评奥巴马的政策，反对对汽车工业实行救助，但却出现在一部在他人看来与他一贯的政治立场相反的广告中。

---

① Brent Snavely, “Eastwood surprised by reaction to Chrysler ad” . http：//www. freep. com/article/20120211/BUSINESS0103/202110323，2012. 2. 22.

② Chrysler Spot A Surprise From Anti – Bailout Star，http：//www. huffingtonpost. com/2012/02/06/clint – eastwoods – super – bowl – commercial – _ n_ 1256817. html，2012. 2. 22.

密歇根州州长、共和党人里克·辛德在出席一个活动时表示，那些把这个广告政治化的人是没有根据的，“我认为这是个很棒的广告，克莱斯勒应该得到称赞。”① 然而，民主党人将这个广告视为对奥巴马的支持，奥巴马总统曾经在2009年将对通用汽车和克莱斯勒的紧急救助资金扩大到600亿美元以使这两家公司免于破产。也有人认为这个广告无关政治，完全就是公益性的广告，是关于美国的，不管共和党人还是民主党人，都是他们早就应该去做的事。②

克莱斯勒的市场部主管奥利弗·弗朗西斯坚称广告的设计没有传递政治讯息的意图。“其中完全没有政治意图”，“政治家无论在哪儿都能看到政治信息，只要他们想看”。③ 伊斯特伍德在20世纪80年代曾任加州卡梅尔市的市长，那时他是共和党人，而现在，他自称自己是一个自由意志者。克林特·伊斯特伍德表示他对人们对他参加的这个商业广告的政治反应感到困惑，“我感到非常吃惊，本来设想能够正确理解的人们从完全不同的角度解读了这个广告”。伊斯特伍德对记者说，这个广告的初衷是想要表达他的情感，“这个国家已经陷入困境之中良久，就像是没人驾驶的车辆，没人知道左手和右手都在干些什么（隐喻民主、共和两党，笔者注）”。④

---

① Brent Snavely, “Eastwood surprised by reaction to Chrysler ad”. http://www.freep.com/article/20120211/BUSINESS0103/202110323, 2012. 2. 22.

② Chrysler Spot A Surprise From Anti - Bailout Star, http://www.huffingtonpost.com/2012/02/06/clint - eastwoods - super - bowl - commercial - _ n_ 1256817.html, 2012. 2. 22.

③ Brent Snavely, “Clint Eastwood talks to CNBC about Chrysler ad”. http://www.freep.com/article/20120210/NEWS03/120210043, 2012. 2. 22.

④ Brent Snavely, “Eastwood surprised by reaction to Chrysler ad”. http://www.freep.com/article/20120211/BUSINESS0103/202110323, 2012. 2. 22.

（二）广告中政治无意识与文化自觉的对立统一

无论是电影、电视剧还是广告，在其产生的时刻，便已经带有了意识形态的一切痕迹。创作者成长的社会历史背景、影片产生的社会历史背景等等要素都会或多或少地出现在其中。因此，任何文本都无法否认自身携带的意识形态性或者说政治性。面对2012年前后经济萧条的美国社会，很显然，这部广告是一个文化自觉的作品。抛开其他解读，它最明确的意图是提振国民士气。

这些矛盾之处恰恰表现出政治无意识的无意识性，而广告引起的广泛讨论恰恰是政治无意识与文化自觉的对立与统一之处：

第一，奥巴马极力救助过汽车工业；克莱斯勒否认广告有政治意图。

第二，克林特·伊斯特伍德否认广告具有政治意图，尤其是否认广告是在为民主党赢得支持；民主党人认为这部广告是在支持奥巴马政府。

第三，有些观众和评论人也认为与政治无关，充其量只是公益广告而已；而另一些人认为不仅这个广告是，所有的广告中都隐藏了某种政治信息。

以上是围绕这支广告所表现出的争议和矛盾之处，任何艺术产品都具有意识形态性，都脱离不了作品创作之时的社会政治环境，都有一定的政治无意识，社会政治信息就通过创作者自觉不自觉的构想编织到作品中。其中的自觉就是文化自觉，不自觉就是政治无意识。每个人都通过自己的价值观念基底在广告中看到了自己想看到的东西，这些东西都是真实存在的，就如一颗巨型多棱镜，每个人站在不同的角度看到的都是折射出来的自己这方面的影像。因此以上的争议观点都是不同的真实。诚如莎士比亚的名言：一千个人眼里有一千种哈姆雷特。

广告巧妙地结合了美国底特律汽车工业基地与美国的现状。二者都曾经无比辉煌，但随着新工业中心的出现，包括汽车工业在内的实体工业都不同程度地衰落了。为了减少成本，美国许多实体工业生产大都迁往发展中国家，造成了本国实体工业的空心化。另一方面，美国金融产业无限膨胀，据统计，美国与欧洲的总体金融衍生品总量高达680多万亿美元，比美国国内生产总值（14万亿美元）高出近50倍，比全球各国国内生产总值总和（50万亿美元）还高出十多倍。[①] 近年来，美国经济泡沫化严重，举国举债度日，并且由美国的次贷危机引发了全球经济危机。目前，美国经济仍在低谷徘徊，美国官方2011年12月公布的失业率为8.5%，但美国统计专家约翰·威廉姆斯长期研究官方数据漏洞，他认为仅仅官方统计的计算方法存在一定缺陷，至少低估了8万多失业人口，随着危机迟迟未见好转，越来越多的人因绝望放弃寻找工作，政府统计失业人数随之减少恰恰反映了复苏的虚假性，根据他的计算结果，包括因绝望而放弃寻找工作的长期失业人口，2011年12月的实际失业率是22.4%，较美国官方公布的8.5%高出2.6倍。[②] 这样的情况令整个国家处于低潮，许多人对未来感到

---

① 数据来源：国际清算银行官方网站。转引自杨斌：《如何看待2012年美国经济前景与潜在风险》，载《当代世界》，2012年第2期。

② 杨斌：《如何看待2012年美国经济前景与潜在风险》，载《当代世界》，2012年第2期。

渺茫。

在这样的背景下，克莱斯勒这个广告是极有用意的，这种用意就是出自于文化自觉。无论创作者的党派如何，他（她）在作品中无意识或有意识植入的政治理念如何，作品的创意得到克莱斯勒公司及伊斯特伍德的赞同，说明其中传递的信息都符合后者的价值判断。

这部广告在确定演员方面极其用心。伊斯特伍德在美国属于巨星中的巨星，他入行超过40年，是影史上作品最丰富的演员兼导演。他主演的电影超过40部，执导过20多部作品，一生获得荣誉无数。他于2000年12月荣获崇高的林肯中心荣誉奖，并于2000年1月荣获纽约国家影评协会终生成就奖，1998年他获得法国影片协会颁发的生涯成就奖，同年更获得美国制片协会颁发的终生成就奖，曾两度获得奥斯卡最佳导演奖。伊斯特伍德一直在扮演英雄、塑造英雄。他塑造的影片都是硬派英雄形象，他以老派的行事风格著称，其一贯保守的理念更是全美皆知。因此有评论称，伊斯特伍德接演这个广告完全颠覆了他本人一贯的政治立场。

“以前只是想找点资金，把西部片拍摄下去。但是，现在似乎已没人愿意把精力投向这个领域。也许是我坚持得太多，表现得太过于倔强，我需要一个折衷的方式继续我的电影之路。相比于以前，我只能说，我有些妥协了，我缺少了一种捍卫尊严与自我的勇气，那是牛仔的风格，也是我几十年来一直坚守的那种风格。”① 也许正如伊斯特伍德自己所言，本来身为

① 克林特·伊斯特伍德，见百度百科，http：//baike. baidu. com/view/97012. htm，2012. 2. 3。

一个保守主义者，但面对国家的低靡、保守主义治国理念的失效，伊斯特伍德已经开始对现实妥协了。而这种转向本身就是一种文化自觉。另一方面，人的行为观念受政治文化、社会环境的影响，具有一定的连贯性，对伊斯特伍德而言也不例外。早在接拍这个广告之前，伊斯特伍德就在自己执导的电影《老爷车》（Gran Torino）中饰演了一位朝鲜战争的退伍老兵——福特汽车公司的退休老员工沃尔特·科瓦尔斯基。片中，沃尔特是一个精神贵族，仍然固执地守护着过去的精神秩序，符合伊斯特伍德一贯塑造的英雄形象。在这部于2008年上映的电影中，可以明显看到伊斯特伍德观念的改变。片中原本对亚裔带有极大偏见的沃尔特最终在相处中接受了其他族裔的文化，并和亚裔少年陶成为忘年交，最后为了保护陶一家，独自面对黑社会，献出了生命。临终前把老爷车留给了陶，也象征着陶成为沃尔特精神的接班人。[①] 对这部电影伊斯特伍德表示："《老爷车》更注重的还是对时代的一些致敬……他们无时无刻不在提醒观众，这是一部在21世纪讲一个上世纪老头子的电影。"[②]

这种思考还可以从他其他的电影中看到，无论是《神秘河》（Mystic River）、《百万宝贝》（Million Dollar Baby），还是2006年的《父辈的旗帜》（Flags of Our Fathers）和《硫磺岛家书》（Letters from Iwo Jima），都可以看出老年的伊斯特伍德将创作主题聚焦在对美国价值观念和政治体制的批评与反思。

这种改变就是意识形态的裂缝，是文化自觉面对社会变动

---

① 徐海娜：《影像中的政治无意识：美国电影中的保守主义》，中央编译出版社2011年版，第184—186页。

② 克林特·伊斯特伍德，见百度百科，http://baike.baidu.com/view/97012.htm。

的自动调适。不仅仅对伊斯特伍德如此，克莱斯勒的这部广告所蕴含的本意与面向社会时所表达出来的观念冲突都是文化自觉的调适。

可见，伊斯特伍德出演这部广告并没有违背自己一贯的政治观念。美国最辉煌的时期也是美国汽车工业最辉煌的时刻，美国汽车业的命运与美国的命运紧密地联系在一起。以通用汽车工业为例。1953 年，通用汽车是全球最大的汽车制造商，是美国经济实力的象征。它创造了当时美国国内生产总值（GDP）的 3%。通用汽车在 20 世纪 50 年代的扩张，被盛赞为阻止了商业的滑坡。当时通用汽车也是美国最大的雇主，公司向员工支付的薪资绝对达到中产阶级水平，还外带慷慨的福利。当年通用汽车的总裁查理·威尔逊曾经说过，“我想不出来会出现这种冲突，因为多年来，我一直认为，对我们国家有利的事情，就对通用汽车有利，反之亦然。”① 伊斯特伍德生于 1930 年，他青春壮年的岁月也是美国的巅峰时期，亲身经历了美国及其汽车工业从辉煌走向衰落，年代给伊斯特伍德留下的正是这个印象。从《2012 年超级碗十大汽车广告精选》的另外一部雪弗兰皮卡的广告可以得到互文的证据。雪弗兰皮卡广告描述了 2012 玛雅预言成真，世界经历了末日般的毁灭，在废墟中，一辆雪弗兰皮卡点亮车灯启程，车里男主人载着一条狗，穿过了重重废墟，沿路可见变形金刚的残骸、巨大体育场的残骸。最后车停在一个城市中的空地上，几个老朋友见面了，都开着雪弗兰皮卡。这部广告同样寓意面对重大考验，高

① 罗伯特·赖克：《从通用汽车破产看美国命运》，http：//www.ftchinese.com/story/001026743，2012.2.20，作者为美国前劳工部长。

新科技（变形金刚这样的智能机器人）也不如美国老牌汽车（传统汽车工业，进而指实体工业）坚挺。因此，就如奥巴马批准救助通用汽车与强力推行医改方案并不矛盾一样，伊斯特伍德反对救助汽车工业和参演“汽车工业救助”的广告一样并不矛盾。他们自身的政治无意识让他们觉得这些都是国家利益。

这部广告之所以引发这么大的争议也反映了美国国内对汽车工业的不同态度。美国前劳工部部长罗伯特·赖克指出，人们对600亿美元的救助款是否应该发放本身就存在争议，人们明白这些钱并不能起到根本作用，只是用来“减缓通用汽车的衰落速度，争取足够多的时间，让其员工、供应商、经销商以及社区适应其最终的灭亡”。[①] 但也有人认为这些钱完全可以以另外的形式起作用，比如进行就业再培训和用作失业培训期间的失业保险金发放，“但美国政界人士不敢公开讨论产业调整，因为公众不希望听到这个。一个强大的选民群体希望保留就业和社区，而不惜任何公共成本”。[②] 这就是卡尔·洛夫等人发动攻击的原因，选战在前，选民就是一切。另一个同样强大的群体则希望，让市场按照自己的意愿行事，而不管短期社会成本如何。伊斯特伍德也曾经说过这样的话，这是文化自觉的作用，但他在保持先进性的同时，无法管住自己政治无意识的外露，跑去个人情感了一把。当然他自己也不自知。

奥巴马的救助政策同时赢得了上述两个群体的支持：第一

---

① 罗伯特·赖克：《从通用汽车破产看美国命运》，http：//www. ftchinese. com/story/001026743，2012. 2. 20，作者为美国前劳工部长。

② 罗伯特·赖克：《从通用汽车破产看美国命运》，http：//www. ftchinese. com/story/001026743，2012. 2. 20，作者为美国前劳工部长。

个群体是依赖通用汽车的就业群体和社区，因为这一政策而得以保全；第二个群体的纳税人和债权人则因通用的衍生金融得到了回报。现在奥巴马正在收获当时的政策红利，自2009年对通用等公司注资后，2010年汽车工业已实现盈利，奥巴马在8月初就敦促汽车工业返还救助款项。当年汽车工业的救助政策与这个广告联系起来看，卡尔·洛夫等人的指责是可以坐实的。

围绕广告主旨的争论表现出整个美国社会对美国政治走向、社会发展和经济振兴等公告事务的关切。

广告题目为“这是美国的中场时间”，意味着一种决心：虽然现在美国经济下滑，复苏缓慢，但这种较量才到了中场时间，最终的赢家是谁还要走着看。美国人将一起携手，重拾往日的辉煌。“休息室的门紧锁，交战双方还在群策群力，下半场该如何翻盘……”“对美国人来说亦是如此。”广告词将赛场的情况与美国的情况做了恰到好处的类比。

相比世界性的经济不景气，中国经济近年来一直稳步增长。尤其在美国，许多人确信：美国因为“9·11”事件执行了错误的政策，致使美国失去了十年，而中国在这十年之中获得了增强自己力量的机会。因此，在美国国内，中国是美国“一个强大的竞争对手”这种认识在官方和民间都比较流行。美国驻华大使2012年1月18日在接受美国国家公共广播电台专访时说：“很明显，中国是美国强大的竞争对手，其大量的贸易和经济都根植于太平洋地区，遍布全球。所以我认为，这令人关切，也存在疑问。世界各地人民和世界各国政府都质疑中国的意图。”①

---

① 骆家辉称中国是美国强大竞争对手（视频），http：//tv.sohu.com/20120122/n332865442.shtml，2012.2.16。

面对中国的迅速崛起，共和党指责奥巴马的外交政策过于软弱。在美国的选战之争中，米特·罗姆尼对奥巴马的攻击落在了“天赋使命”这一美国的传统命题上。面对中国崛起的是矛盾与复杂的心态。在世界都在讨论美国是否衰落的话题时，许多已经习惯“天赋使命”和“注定领导世界”的美国人难以承受。奥巴马对中国力量增长曾经有过的一些客观言论，[①]被罗姆尼攻击：“我们的总统认为美国正处在衰落之中。”“奥巴马总统认为，美国扮演世界领袖角色的时代已经过去”，“如果奥巴马是总统，那么事情就是这样。如果我是总统，事情便不会如此”。[②]“天赋使命”与“注定领导世界”对许多人而言是扎下根的政治无意识。罗姆尼抓住这种普遍心理去极力迎合。而奥巴马也奋起还击，不久前赞扬罗伯特·卡根（Robert Kagan）的文章《美国衰落之谜》（The Myth of America's Decline），卡根在对比中美发展之后指出，从很大程度上来说，决定美国霸主地位能否延续下去的是美国人自己。奥巴马在数日前发表的国情咨文演讲中说，“美国回来了。”“那些告诉你美国正走向衰落、或我们的影响力正在减弱的人，根本不知道自己在说什么。”[③] 面对大选，“反对入侵伊拉克的自由派美国总统，对一位新保守主义学者、同时也是入侵伊拉克的主要支持者之一予以了认可”。[④] 这或许是奥巴马的政治无意识与文化

---

① 骆家辉称中国是美国强大竞争对手（视频），http：//tv. sohu. com/20120122/n332865442. shtml，2012. 2. 16。

② ［英］爱德华·卢斯著，何黎译：《美国衰落的真相》，http：//www. ftchinese. com/story/001043063？page =2，2012. 2. 15。

③ ［英］爱德华·卢斯著，何黎译：《美国衰落的真相》，http：//www. ftchinese. com/story/001043063？page =2，2012. 2. 15。

④ ［英］爱德华·卢斯著，何黎译：《美国衰落的真相》，http：//www. ftchinese. com/story/001043063？page =2，2012. 2. 15。

自觉的对立及统一吧。

结合近年来美国的外交内政，结合美国的政治、社会文化基底，结合美国大选在即，这部广告就得到了层次丰富的解读。

“超级碗”（Super Bowl）是国家美式足球联盟（也称为国家橄榄球联盟）的年度冠军赛，胜者被称为“世界冠军”。“超级碗”一般在每年1月最后一个或2月第一个星期天举行，当天被称为超级碗星期天（Super Bowl Sunday）。超级碗是比赛的名称，其奖杯名称为文斯·隆巴迪杯（Vince Lombardi Trophy）。参与球队为该球季的美国美式足球联盟冠军以及国家美式足球联盟冠军。超级碗多年来都是全美收视率最高的电视节目，并逐渐成为一个非官方的全国性节日。另外，超级碗星期天是美国单日食品消耗量第二高的日子，仅次于感恩节。因此，在超级碗中间所播放的广告具有非常高的收视率。

根据AC尼尔森的收视调查，在美国，超级碗的平均收视率为40%—60%左右，当中的40%为长时间观看比赛的观众，其余为在任何一个时段观看的观众。大约80%—90%观众收看超级碗任何一个时段。在高收视率的吸引之下，许多大企业在超级碗比赛期间投放新广告进行宣传，许多观众收看超级碗只是为了观看新的广告以及半场时间的表演。此外，近年来超级碗亦在世界各地同步直播，以第41届超级碗为例，超过200个地区及国家直播及转播超级碗的比赛。

收视率显示几乎全美国的人都收看到了超级碗广告，也关注到针对克莱斯勒广告引起的争论，并且广泛地参与进来。这一事件因此成为一个重大的政治文化事件。美国关于影视作品引发的讨论并不是第一次，包括《基督最后的诱惑》、《阿甘正传》在内的许多电影都曾引发了广泛的大讨论，这种讨论不仅涉及文化，还会引起政坛和政治理念的巨大震动。前文已经对1994年保守派凭借电影《阿甘正传》引发的社会讨论，成功地占领了意识形态的高地，夺回当年的国会领导权。而现在这一广告的出现恰逢美国国家命运的转折时刻，[①] 其出现及影响都极富深意。与广告引发的讨论及相关政治事件相关联，从历时与共时的角度共同研究，才能形成一个完整的政治文化文本。

因此，针对伊斯特伍德本人和克莱斯勒方面对所谓潜在政治意图的否认，下面的话可以作为总结："他们那么说未免太天真了吧。你当真认为超级碗广告里仅仅就是汽车、跑步鞋、零食和啤酒吗？它们通常隐藏着某种政治派别的倾向来影响投票者，尤其是在选举年。"[②]

三、结语

不论是从硬实力方面还是从软实力方面来看，美国仍是当今世界上最强大的国家。针对美国的强盛，研究者们早就做出许多总结：美国的经济仍是最具竞争力的经济体；美国的军事力量仍然是最强大的；相比之下，美国的软实力仍然具有强大的吸引力；其科技创新、教育和劳动力人才仍是世界一流的。在这些理由之中，软实力的部分是更加关键的原因。

---

① 关于美国是否衰落的话题近来年一直是全世界政界、学界讨论的热点。——笔者注

② Julie Hinds, "Clint Eastwood 's Super Bowl ad too political? What about the Skechers bulldog or Audi vampires?" http：//www. freep. com/article/20120207/ENT03/120207044/Clint－Eastwood－Super－Bowl－ad－political－Skechers－bulldog－Audi－vampires，2012. 2. 22。

中国的硬实力发展所取得的成就为世界瞩目，但软实力建设却并未同步。其中文化在其中所应发挥的作用也越来越受到重视。2014 年 2 月 24 日，习近平在中共中央政治局第十三次集体学习会上指出，培育和弘扬社会主义核心价值观必须立足中华优秀传统文化，“博大精深的中华优秀传统文化是我们在世界文化激荡中站稳脚跟的根基”。关于文化的功能和作用在诸如此类的国家文件及话语中论述良多。

美国的主流社会文化的基底是新教理念，在这种理念的长期影响之下，“上帝选民”、“天赋使命”的观念最终甚至在某种程度上成为一种“爱国主义宗教”。美国社会中的个人、媒体、政府、宗教团体处于其中概莫能外。或许，中国也需要对传统文化与现代文化进行整合之后的再弘扬，从而形成这样一种精神上的坚定信念。

东亚地区结构的文化分析*

当前的东亚地区秩序出现了“双层化”的趋势，这种“双层化”表现在三个方面：一是在总体结构稳定的情况下，热点不断，碰撞频出；二是经济结构中国占优势，安全结构美国占优势；三是中国一方面实力与影响力激增，另一方面周边环境却是负面因素增多。当前的东亚结构反映的是历史上两大秩序的沉积，即近代以前的以中华文化为核心的朝贡体系和当代以来的以美国文化为核心的雅尔塔体系的叠加。

应该说，当前东亚地区结构中的这种碰撞是两种主导文化价值观没有充分融合的结果，随着两种文化价值观在冲撞中的不断融合，东亚的地区秩序将为未来的世界秩序提供新的愿景。从文化价值观的角度出发，以朝贡体系和雅尔塔体系的核心理念对当前东亚地区格局进行深入分析，不仅可以使世人更加深入地理解当前东亚局势的由来，还可以为进一步归纳东亚地区秩序的未来发展趋势提供一个可供选择的思路。

---

* 作者：陈松川，北京建筑大学经济管理学院讲师，管理学博士。

一、当前的东亚地区结构呈现明显的“双层化”特征

（一）当前的东亚地区结构总体上出现了双层化的趋势，在总体结构稳定的情况下，热点不断，碰撞频出

与其他地区相比，东亚总体上仍保持着和平的主调，是世界上相对平静的地区。主要大国间关系没有出现新的不确定因素，基本在重复着近年来的既有轨迹运作。中美关系仍在新型大国关系之路上探索，虽然相互之间因利益不同、价值观不同而分歧不断，但这种在分歧中共同前进的经历对双方都已不是新状况，相反还积累了丰富的经验。随着双方力量对比的更加均衡，中美更越来越不能忽视对方，这种关系会更加稳定和长期化。中日关系仍旧“冷”字当头，但这也不是两国关系中的第一次，双方都有了一套行之有效的处置之道，即使是外界看似水火不容的钓鱼岛问题，也并非到了不可控制的边缘。当然，在这种总体波澜不惊之下，却是热点频发。朝鲜不时以各种动作和话题调节朝鲜半岛问题的温度，钓鱼岛问题上的来往过招考验着大国的战略智慧，南海上也在张张驰驰中重复着脆弱的“平衡”。而美国就东亚高频率的发声明、搞军演，也似乎在论证着这一地区的局势并不简单，需要相关国家慎重以对。

（二）当前东亚地区力量结构出现了经济中国占优势和安全美国占主导的“双层化”

亚太地区力量对比的“双层结构”或者叫“二元结构”

越来越明显，“具体来说，中国的重点和优势是经济，美国的重点和优势是军事安全”。[①] 这种“双层化”特征恰恰说明了东亚地区的活力在加强，在世界地缘政治中的中心地位已经作为现实而凸显出来。经过30多年的发展，中国的经济实力得到了飞速的发展，已经成为日、韩、东盟等东亚国家和区域经济体的最大贸易伙伴，即使在当前世界经济总体乏力的大环境下，仍然保持相对较高的经济增长速度，扮演着东亚乃至亚太经济增长的发动机。但中国经济实力的急剧增长并没有带来与之相匹配的安全影响力，东亚自二战结束以来形成的以美国为核心的安全结构并没有出现实质性变化，美国的影响力不但没有削弱，反而随着近年来中国经济实力的增长及美国高调“重返亚太”而更加稳固。这种以中国拉动地区经济发展和美国稳定安全的双层共生结构，既体现了东亚地区力量的现实对比，也体现了东亚主体相互牵制的深刻特征，具有深厚的基础，在可预见的中短期内不会被打破。

（三）中国在东亚地区结构中的处境面临的“双层化”

一是中国整体实力及由此带来的综合影响力的大幅提升，使它的大国地位更加明显。同时，中国“睦邻、安邻、富邻”的周边外交，也使周边国家和地区从中国的发展中得到了实实在在的实惠，分享了中国和平发展的红利，不仅形成了紧密的经济相互依存结构，也使地区结构中对中国的正面因素明显增长。但是，这种实力与影响力的提升却没有能够完全转化为周边环境的良性发展，因这种实力提升引发的周边国家对中国的

---

① 赵全胜：《亚太地区处于关键转型期》，《财经》，2012年第5期，第100页。

疑惧骤增，进一步放大了中国周边东亚地区的不利因素，多年来被经济合作主流所掩盖的热点问题集中爆发出来，这一方面使曾经迷倒很多人的“经济相互依赖可以带来更紧密的亲和力和更稳定关系”的观念在沉重的现实面前显得不懈一击，另一方面也使中国更加切身地认识到，当前面临的外交难题不在美欧，而在亚洲，特别是东亚。

二、“双层化”结构是东亚地区历史上“朝贡体系”和“雅尔塔体系”的叠加

（一）近代以前的“朝贡体系”对东亚地区结构产生了难以磨灭的影响

直到被西方列强殖民破坏的近代以前，东亚地区结构一直处于“朝贡体系”之下，朝贡体系塑造了早期的东亚地区结构，并留下了深远的影响。朝贡体系以中华文化的强大吸引力为核心，实现了中华宗主权维系下的稳定。它的突出特征是维系体系的“软约束”制度化安排，包括反映朝贡双方等级关系的“礼”和国际交往中厚往薄来的“让利”主义。只要象征性地承认中国宗主国地位，就可以得到因这种承认带来的丰厚经济利益，甚至在遇到安全威胁时要求得到安全保障，而不用付出更多的经济成本和代价。这一体系以文化、经济为核心，但最终实现的却是安全上的稳定与和平。近代以前，朝贡体系影响下的东亚，整体上各国的国内战争较多，国家间战争较少，边界争端很少见。其中有一个原因就是朝贡体系更强调的是“礼”，“礼”作为制度化力量，强调

的是感召力，是朝贡的仪式化，虽然有明确的规定，但不是法律，没有严格的管理和约束力，国家间界限模糊，它只是将东亚各国间的关系笼统地归于大一统的中国“宗—藩”体制之中，在长时间的历史中构建了固定的“名分”，以这种“名分”观确定了各国的合法性，各国关注本国国内事物，在地区内则是通过在中国的礼仪规制下实现各安其分的和平。

（二）现代的“雅尔塔体系”对东亚地区结构无疑有着直接的构建作用

近代随着西方列强的殖民侵略，朝贡体系被逐渐打破，经过一段时间的群雄争据后，二战后东亚地区也与世界一道接受了雅尔塔体系，但东亚的“雅尔塔体系”更准确的似乎应该称之为“美国治下的雅尔塔体系”。“美国治下的雅尔塔体系”是以安全为主导的地区安排，它以美国的强大实力为核心，以国际条约为明确的法律依据，以双边同盟为基础框架实现了美国治下的“亚太和平”。这一体系突出的是在实力支持下的“法”的强制性制度化安排，以国内法的形式将美国的意识形态送进了东亚国内，奠定了东亚的主流意识形态价值观标准；以国际法的形式将以美国为核心的双方同盟构建为东亚的安全基础，并由此规定了美国在东亚地区结构中的领袖身份。这样，虽然美国不是东亚地区国家，但二战后美国通过意识形态一直将东亚很大一部分国家团结在一起，通过安全保护伞将相关各国精力局限于国内事物，从而实现了东亚的和平与稳定。

（三）当前的东亚地区结构的“双层化”更深层次体现的是“朝贡体系”和“雅尔塔体系”叠加的深刻体现

近代以前的朝贡体系核心意识深深烙在了东亚地区结构的深处，成为隐性因素；而雅尔塔体系的主要观念作为现行主导话语，则成为东亚地区结构的显性因素。这一隐一显两大体系纠缠在一起成为现实中东亚地区不时出现的热点问题的根源。首先两大体系的核心国家之间的合作是东亚地区总体稳定的维护者，朝贡体系遗留下的是体系中的国家间没有明确的国界划分，而雅尔塔体系的基础主权国家强调的却是明确的国界划分，东亚各国的殖民经历使之对主权更加敏感，这成为当前东亚地区结构热点问题的一个主要根源。朝贡体系“让利思维”的惯性使中国在东亚地区的影响局限在经济结构中，而雅尔塔体系以制度的形式将美国在亚太的超然领导地位深深地潜入了地区安全结构之中。同时，朝贡体系更强调的是仪式化的“礼”，突出的是感召力，但不具有法律的严格约束力。这种传统的影响就造成中国从深层次上缺乏雅尔塔体系所赋予美国的制度化影响力，成为当前中国作为东亚地区结构中的大国所存在的最大弱点，形成了中国国力急剧提升与地区话语权较弱、被地区认同较低的困境。

三、东亚地区“双层化”结构的文化分析

（一）“朝贡体系”的文化分析

朝贡体系体现了中华文化以“人”为核心的世俗化文化的核心价值观，主要体现在以下四点：一是“内向化”思维，主要有两个体现，一个是认识论上的内向化，中国的文化是“了

解自己”的文化，教人反省自求；另一个是治国理念上以内部稳定为归宿的“内向化”。二是“义利”的国家利益观。在中华文化的“泛伦理化”思维中首要的是“是非”判断，而不是“强弱”和“利害”判断的思维，“何必曰利？亦有仁义而已矣”，[①]“所贵乎人者，在不失此情与义”，[②] 物质利益不是核心，只要合乎“礼”这个“大义”，中国历代一般都是采取厚往薄来的“让利”。这种让利思维在中国当前的周边外交中广有影响。三是合法性，是“历史合法性”，对历史的承认和尊重；祖宗崇拜，中华文化的合法性观念，来自历史，强调世系的有序传承，体现的是中华文化深层次的祖先崇拜。所以中国的外交政策中常以“自古以来……”来论证中国和平发展战略、领土要求的可信性。四是中国制度化的软约束性。中华文化是一种世俗文化，含有包容性及对他人的尊重。重视的是“伦理道德”思维，这里的伦理道德思维有两大核心内容：其一是在相互之间的关系上，强调“伦理精神在尊重对方”[③] 和“反省自求”的自我约束；其二是倡导的是道德理性，中国文化更多的是讲义务，而权利只能从对方给己。“礼之用，和为贵”，礼是为了维护社会的秩序，保持社会的安定与和谐。

（二）“美国治下的雅尔塔体系”的文化分析

“美国是发达国家中宗教色彩最为浓厚的国家”，[④] 东亚地

---

① 赵华伦：《四书品读》，商务印书馆国际有限公司 2008 年版，第 506 页。

② 梁漱溟：《我们如何拯救过去——梁漱溟谈中国文化》，江苏文艺出版社 2013 年版，第 98 页。

③ 梁漱溟：《我们如何拯救过去——梁漱溟谈中国文化》，江苏文艺出版社 2013 年版，第 98 页。

④ 裴孝贤：《宗教在美国社会中的地位》，《美国研究》，1998 年第 4 期。

区结构的“美国治下的雅尔塔体系”处处渗透着这种影响。首先，宗教文化下价值观的工具性。基督教文化的世界观产生了美国文化的“非黑即白”的二元对立论思维，这成为美国人观察世界、分析事物的主要方法，也是美国文化与中国文化的本质区别。这种二分法使美国将区分善恶标准的价值观、意识形态作为国际上敌我划分标准，这在东亚地区结构中具有很强的影响力。其次，美国的世界领袖角色。新教文化使美国人抱有深深的“美国例外”情节，即美国是“上帝选民”，“美国对世界承担一种上帝赋予的特殊使命”,[①] 美国领导人、政治家，甚至学者总是在说美国的领导作用是“不可或缺的”。自二战后期以来，美国就一直在寻求“领导”世界，寻求参与、介入世界上的几乎所有议题。第三，现实利益观。美国的基督新教是一种注重现世、注重实效的宗教，以人们在现实生活中的表现作为判断他们是否得到上帝恩惠的标志，“他们凡事考虑眼前的利益，而不大追求长远的利益。他们所重视的，是够得到、摸得着、切实存在并能用金钱估价的东西”[②]。最后，以“法”的现状维护为核心的合法性。善恶二分的对立思维使美国人在大是大非的原则问题上态度坚决，不会妥协，但注重实际操作和实效问题。这种价值观就使美国的国际秩序观以具有强制约束力的制度为主，以可辨识性和可操作性强的现状为判断依据。

---

① 王晓德：《美国文化与外交》，天津教育出版社2008年版，第42页。

② 托克维尔：《论美国的民主》下册，商务印书馆1993年版，第954页。

（三）两种文化价值观对东亚地区结构和秩序的制度化构建

文化往往表现为一种价值判断标准，对国际关系的制度化发挥着关键的作用。首先，世俗与宗教。从根源上说，美国的文化是一种宗教文化，把价值观是确定我者和他者的划分标准，“这些价值观一直是美国政府实现其在国外政治、经济以及安全等利益的一种有效的手段”①。正如美国国防大学发布的《1998 年战略评估》报告在分析亚太地区形势时指出，这一地区几乎所有的国家都接受了美国等核心国家的经济价值。中华文化是一种世俗化文化，更加强调的是情，从情感的角度出发感化、加强与周边国家的关系，缺乏制度化的手段。其次，内向与外向。这种文化特征的不同突出体现在对东亚地区结构的领导意识和秩序观上。中华文化的领导意识更强调的是内在的感召力和仪式化，并不十分重视严格的管理和约束力。美国文化的领导意识突出的是地区在地区秩序观上，中国强调的稳定和秩序，更突出国内的稳定和秩序，在各自实现国内秩序的基础上，自然实现地区和国际的秩序。美国文化无论在领导意识还是秩序观上，强调的都是美国自身所固有的地区、国际责任，它从自身的经验出发思考地区的秩序与稳定，“美国不能容忍差异，当它常常是不情愿地卷入世界事物时便会试图把其他国家转变成自己的形象”②。再次，历史与现实。历史的长期性造成的深厚影响，使中华文化的思维中更强调以世袭的有序

---

① 王晓德：《美国文化与外交》，天津教育出版社 2008 年版，第 15 页。
② 王晓德：《美国文化与外交》，天津教育出版社 2008 年版，第 53 页。

传承为核心的合法性观念，重视是非之辩，把事物的发展渊源作为合法性的重要组成。而美国文化更加突出的是具有实现可操作性的法，合法性强调公认的事实，突出的是事实和现状，不能单方面改变现状。

四、东亚地区结构的文化互动及未来走向

（一）未来的东亚地区结构将会体现两种平等文化的交融

“国际体系的核心部分是原则性的规范、制度和价值。它决定了谁被承认为国际社会的成员，以及它们应当如何行事。”① 与西欧、北美已经形成了大致统一的价值观取向不同，东亚地区结构的一个问题是两种主导文化价值观共存。各国都从自己接受的主导价值观出发看待其他国家和整个地区结构，而这两种主导价值观之间的巨大差异，正是东亚地区秩序或者说结构复杂化、冲突化的一个深层次原因，二者之间的关系将影响、甚至决定着东亚未来的结构。美国著名历史学家汤因比曾指出：“西方观察者不应低估这样一种可能性：中国有可能自觉地把西方更灵活、也更激烈的活力与自身保守的、稳定的传统文化融为一炉。如果这种有意识、有节制的进行的恰当融合取得成功，其结果可能为文明的人类提供一个全新的文化起点。”② 这一前景也恰恰是东亚地区结构的未来趋势。

---

① 俞新天：《掌握国际关系密匙：文化、软实力与中国对外战略》，上海人民出版社2010年版，第16页。

② ［英］阿诺德·汤因比：《历史研究》，上海人民出版社2000年版，第345页。

（二）中美共处的经验将为东亚地区结构的发展提供借鉴

“历史告诉我们，世界主要大国间的关系更多地取决于它们如何应对不同和分歧，而非完全取决于它们有多少共同利益和共同点。”[①] 对于中国和美国来说，它们之间虽然没有相似的历史传统和经验，没有相似的语言和文化，也没有相似的政治思想、政治体系和政治观念，更没有相似的世界观和战略目标，但是两国自关系正常化以来保持了长期稳定的关系，没有发生过直接的、激烈的对抗。在这样的历史中双方摸索出了成功共处之道，即“中美两国长期稳定关系两个支柱之一就是，两国互不挑战、威胁和反对对方的核心利益”。[②] 这种处理分歧和矛盾的思维在中美当前的外交实践中一个重要表现方式就是对话机制，在中美的对话框架中既有双边对话也有多边对话，多边对话以“六方会谈”为典型，双边对话以“中美战略与经济对话”为典型。“中美战略与经济对话”的特点是一种独特的“务虚会”，更注重战略的宏观层次，让双方不拘泥于双边关系的具体事务，不以具体成果作为成功与否的评价标准，已成为两国战略沟通的重要平台。

（三）中国文化面临的任务尤重，值得关注

中国是亚洲地理和文化的中心，经过30多年的努力，现

---

① 楚树龙、应琛：《中美长期关系的两根支柱》，《现代国际关系》，2013年第3期，第1页。

② 楚树龙、应琛：《中美长期关系的两根支柱》，《现代国际关系》，2013年第3期，第1页。

在又成为经济的中心，中国已成为亚太地区几乎所有国家和地区的最大贸易伙伴，最大的市场，很多国家和地区外资的主要来源、游客的主要来源地、留学生相互交流的主要对象；中国政府也在亚太外交上煞费苦心。但据《环球时报》2013年12月7日发布的全球调查显示，周边国家对中国的认识和预期都比远离中国的国家更消极。受访者更倾向于认为，未来十年与中国之间将会是竞争或对抗关系[1]，“中国硬实力的上升并没有带来中国在周边国家软实力的提高”[2]。这也提出了一个问题和任务，当前的中国在精神价值上要对东亚、亚洲贡献什么。清华大学有学者指出：“唯有输出具有感召力的价值观，中国才能重建亚洲中心地位。人最需要、最看重、最服气、最被吸引、最敬仰的东西永远不是钱和物质，而是思想、感情、道德、信念、价值。中国只有输出令周边国家敬仰的精神、价值、思想，才能重建亚洲中心地位。”[3]

---

① 凌玉环、马晴燕、张宇洋：《世界看到“自信强大”的中国》，载《环球时报》，2013年12月10日。

② Christopher B. Whitney，Project Director，Soft Power in Asia：Results of a 2008 Multinational Survey of Public Opinion，The Chicago Council on Global Affairs，2009.

③ 穆光宗：《改革开放与守正固本需相得益彰》，《北京日报》，2014年9月1日，第17版。

普京就克里米亚问题演讲的话语策略分析*

国家领导人的演讲是具有重要政治意义的官方话语，是国家对外传播的重要内容，是对国家形象、国家理念和国家政策的直观展示，这类讲话具有天然的展示性、引导性、说服性和高传播性。因此，为了展现良好的领导人风范和国家形象，在国际社会上获得较高的评价并产生深刻的国际影响，国家领导人都很重视在国际演讲中巧妙地运用话语策略。①

一、话语与话语策略

所谓话语是指在特定的社会、文化、历史环境下，人们运用语言进行交际的事件或这样一类现象。换句话说，话语是语境或“语言使用环境”相关联的语言活动，更简单地说，就是一种“实际生活中的语言活动”。话语学者一般从功能主义的语言哲学视角去理解话语：说话人受一定语境的影响，有策略

* 作者：陈红，大连外国语大学东北亚研究中心讲师，博士研究生。

① 窦卫霖、李霁阳：《习近平国际演讲的话语策略分析》，载《浙江传媒学院学报》，2013年12月第6期。

地运用语言以达到自身的目的。我国学者施旭认为话语应该包含更加全面的内容：说话人根据特定的语境（包括听话人）有策略地生成语言活动；反之亦然，听话人根据特定的语境（包括说话人）有策略地理解语言活动。[①] 而话语策略则是让话语更为有效的方法。成功地运用话语策略可以提高听众的接受度和理解程度，增强影响力。在国际演讲中运用话语策略可以弱化话语理解误差，缓和文化冲突，强化讲话的引导作用，高效地传播政治理念，增强文化软实力，提高话语权。

普京是世界著名的政治家、演说家，其演讲内容丰富、目的明确、结构清晰明了，他善于思量所说的每一句话，普京的演讲具有鲜明的爱国主义思想、苏联情节。俄罗斯《消息报》曾这样评价普京："他观点鲜明，对事物的见解深思熟虑，看法很难改变，他的心中对自己的观点也很自信。就总体素质评价而言，像普京这样的人，迄今为止在俄罗斯权力层还不曾出现过。而今天的俄罗斯社会恰恰希望这样的人来领导国家，他与民众的要求和期望相吻合。"[②] 而俄罗斯人物履历杂志《谁是谁》也曾发表了一篇编辑部文章："这个人值得信赖。他对亲人有责任感，从不为自己捞取好处，具有崇高的生活目标，并能通过合理的方式达到这种目标。如果有人向他施加某种压力的话，那将会遇到更强烈的回击。"[③] 本文以乌克兰危机期间，普京就克里米亚独立并加入俄罗斯的演讲为对象，分析其演讲中的话语策略使用。

---

① 施旭：《文化话语研究》，北京大学出版社 2010 年版，第 3 页。

② 《消息报》，2000 年 2 月 6 日。

③ 《谁是谁》杂志，2000 年第 3 期，第 1 页。

二、克里米亚事件

克里米亚事件的起因是2013年底亚努科维奇政府宣布暂停与欧盟签署联系国协定，恢复与俄罗斯、白俄罗斯、哈萨克斯坦三国关税同盟加强经济合作的谈判。多数为亲西方的反对派随后在乌克兰首都基辅独立广场举行抗议示威活动，抗议政府停止与欧洲一体化进程并要求政府与欧盟签署联系国协定。乌克兰政府动用特种部队对游行示威者进行镇压导致抗议示威活动升级，欧、美、俄的介入也使事件更加复杂。2014年1月，大规模抗议浪潮最终爆发，对立双方发生冲突，致使暴力流血事件发生。2月21日，在欧盟与俄罗斯代表的斡旋下，亚努科维奇与反对派签署“乌克兰危机调解协议”，宣布重组政府，提前举行总统选举并修改宪法。2月22日，亚努科维奇没有履行“和解协议”，而是逃离总统府，逃亡俄罗斯，过渡政府上台。乌克兰新政权得到欧美支持的同时也遭到了俄罗斯的反对。3月16日在克里米亚举行了全民公决，公决的内容包括两个问题：“是否赞成克里米亚在享有俄罗斯联邦主体权力的基础上与俄罗斯重新合并?”“是否赞成恢复克里米亚共和国1992年宪法并赞成克里米亚作为乌克兰的一部分?”简而言之，即决定克里米亚是并入俄罗斯还是继续留在乌克兰。[①] 超过82%的居民参加了此次公决，公决结果显示：超过96%的选民支持克里米亚并入俄罗斯。公决结果并不被乌克兰、美国

---

① Обращение Президента Российской Федерации, 18 марта 2014 года, http://www.kremlin.ru/events/president/news/20603.

以及欧洲等其他国家所接受。西方世界又一次为俄罗斯不讲游戏规则的“鲁莽”行为而惊愕、震怒，把普京比作希特勒、新沙皇。[①]

三、普京演讲的目的及话语策略

3 月 18 日，普京总统与克里米亚、塞瓦斯托波尔市领导人共同签署《关于接受克里米亚共和国并入俄罗斯联邦和建立两个新的联邦主体的条约》。随后，普京在克林姆林宫就克里米亚独立并加入俄罗斯发表了热情洋溢的爱国主义演讲。普京的此次讲话被指为“极具煽动性的爱国主义演说经典”[②]，被认为是“本世纪最有力的演讲”，同时也被俄罗斯媒体解读为“普京 15 年的内心独白和心路历程”。

从普京此次整个演讲中我们可以看出主要有三个目的：（1）克里米亚并入俄罗斯是符合法律规定的；（2）克里米亚加入俄罗斯是克里米亚民众的愿望；（3）克里米亚加入俄罗斯对克里米亚、对俄罗斯均有利。这三个主要的目的确立了普京演讲的内容和策略。普京演讲紧紧围绕三个目的展开，成功运用了“从法理上找依据”、“摆事实”、“回顾历史”等话语策略，大大增强了演讲的效果。为官方话语在演讲中的表达提供了范例。

从法理上找依据、摆事实回击西方的反对言论。

从克里米亚地区宣布进行公决伊始，西方国家就一直抓住

① 白晓红：《俄国历史进程中的克里米亚》，载《俄罗斯学刊》，2014 年第 3 期。
② 白晓红：《俄国历史进程中的克里米亚》，载《俄罗斯学刊》，2014 年第 3 期。

该行为既不符合国际法，也不符合乌克兰宪法这一要点作为论战基石。[①] 美国总统奥巴马强调，克里米亚“公投”违反乌克兰宪法，是在俄罗斯军事干涉背景下的产物，美国和国际社会永远不会承认这次公决。“普京总统似乎有一套不同的律师班子，做出了一番不同的解释，但我认为这愚弄不了任何人。”[②]

面对西方的咄咄逼人，俄罗斯方面则毫不示弱。3 月 18 日，俄罗斯总统普京签署总统令，承认克里米亚共和国为主权独立的国家，同时启动接纳克里米亚入俄的程序。21 日，普京总统签署法案，从而单方面地完成了俄罗斯兼并克里米亚的法律程序。普京此次演讲最主要的任务就是证明克里米亚并入俄罗斯是合法的。此次普京依然摆出科索沃独立事件，套用已有事实有力回击西方反对言论，可谓是“以其人之道还治其人之身”。普京在演讲中称，西方对克里米亚奉行的立场“甚至不是双重标准，而是一种惊人和露骨的厚颜无耻”，“不能为了自己的利益如此随心所欲，同样一件事今天说是白，明天又说成黑”。普京在演讲中提及国际法共七次并且一开始就说明此次公决完全符合民主程序和国际法规则。普京在此前针对西方国家领导人经常指责俄罗斯行动不合法时也曾讲到，“那我会问，你们认为你们所做的合法吗？他们回答是的。我就不得不提美国在阿富汗、伊拉克、利比亚的行为了，要么未经联合国批准，要么曲解了那些授权及决议的内容。”[③] 从普京上述言论可以看出，他想以此强调近期国家政权改变正是因为北约并未考

① 刘英、马璐：《浅析克里米亚入俄事件中的舆论战》，载《和平与发展》，2014 年第 4 期。

② 《奥巴马指责普京违法国际法》，《参考消息》，2014 - 03 - 06（2）。

③ 《奥巴马指责普京违法国际法》，《参考消息》，2014 - 03 - 06（2）。

虑国际法规和民主程序而向其他国家施加的军事压力。

回顾历史，寻求情感认同。普京多次提到克里米亚历史旨在解决第二个任务，克里米亚并入俄罗斯是其民众的愿望，是与历史、文化、民族构成相关的自然发展的过程。普京说："克里米亚渗透着我们共同的历史与骄傲。正是在这里弗拉基米尔大公接受了洗礼，使得俄罗斯成为一个东正教国家。它的这一精神遗产奠定了俄罗斯、乌克兰和白俄罗斯的共同文化、价值观与文明基础，注定使得我们三国的人民结合在一起。在克里米亚有俄罗斯士兵的墓地，凭借这些士兵的英勇作战，俄罗斯在 1783 年将克里米亚收入自己的领土。这里有塞瓦斯托波尔，传说之城，伟大的命运之城，堡垒之城，是俄罗斯黑海舰队的故乡。在克里米亚有巴拉克拉瓦和刻赤，马拉霍夫古墓和萨布恩山。这里的每一个地方对我们来说都是神圣的，是俄罗斯军队荣耀与勇气的象征。"普京强调，想了解为什么进行此次公决，只需要了解克里米亚的历史，了解克里米亚对俄罗斯意味着什么，俄罗斯对克里米亚又意味着什么。

克里米亚位于乌克兰最南端，南临黑海，东扼亚速海，东部隔刻赤海峡与俄罗斯接壤，面积 2.7 万平方公里，人口近 260 万，其中 160 万是俄罗斯人（在塞瓦斯托波尔市，俄罗斯人口占 2/3 以上），60 万乌克兰人，20 万鞑靼人和其他少数民族。[①] 历史上，克里米亚是俄罗斯海洋之梦开始的地方。[②] 作为内陆国，俄国自古对大海有着深深的渴望。1695 年，俄国开启了向海洋进军的历程，彼得一世亲自出兵奥斯曼帝国属下的克

① 马贵友：《乌克兰》，社会科学文献出版社 2003 年版。

② 白晓红：《俄国历史进程中的克里米亚》，载《俄罗斯学刊》，2014 年第 3 期。

里米亚汗国，以期夺取亚速港，但以失败告终。1697年，彼得一世乔装成平民亲自到荷兰的造船厂学习造船技术，还派遣大量人员到国外考察造船业并且不惜重金聘请国外船员到俄国海军中服役。但是，直到叶卡捷琳娜二世时期，经历了三次瓜分波兰和两次俄土战争，俄国才取得了黑海出海口，克里米亚归属权以及不冻港。

塞瓦斯托波尔是俄罗斯军事荣耀之城。克里米亚的军事战略地位十分重要。在长达200年的沙俄帝国和苏联统治下，这里建立了一整套军事和军港基地。它拥有刻赤、塞瓦斯托波尔、叶夫帕托里亚等天然良港，其中塞瓦斯托波尔为深水不冻港，并在此建立了整套配套设施（港口、机场、铁路、仓库、维修基地）。塞瓦斯托波尔作为扼克里米亚半岛门户的海军基地、要塞以及黑海舰队司令部的驻扎地，是历史上多次战役的重要战场，无数俄罗斯将士曾在此挥洒热血，保卫家国。塞瓦斯托波尔在苏联卫国战争后被授予“英雄城市”的称号。塞瓦斯托波尔于俄罗斯是引以为豪的英雄城市、当之无愧的军事荣耀之城。

普京在3月18日讲话中强调：“克里米亚自古以来就是俄罗斯的土地，而塞瓦斯托波尔是俄罗斯的城市。（十月）革命后，苏联时期由苏联政权决定归入乌克兰的除了克里米亚外还有顿涅茨克、哈尔科夫和俄罗斯其他南部领土。1954年，根据将克里米亚划入乌克兰的决定，塞瓦斯托波尔也同时被移交给乌克兰，尽管当时塞瓦斯托波尔还是从属于俄罗斯的。提出这一决定的是苏联共产党总书记赫鲁晓夫。这个决定（把克里米亚交给乌克兰）明显有违宪法，即使在当时也是如此，这是私相授受。”为了证明克里米亚并入俄罗斯是历史的必然，普京说在克里米亚人民的心里，在他们的记忆里，他们曾经是，也始终是俄罗斯不可分割的一部分。1921 年 10 月 18 日，作为俄联邦的一员，成立了克里米亚苏维埃自治共和国。二战后，1945 年更名为克里米亚州。克里米亚半岛一直归俄罗斯管辖。1944 年，斯大林政府以“同希特勒占领者相勾结”的罪名强迫克里米亚的鞑靼人迁居他乡。这项政策不仅恶化了鞑靼人与俄罗斯人的关系，而且给克里米亚经济造成了巨大的损失。赫鲁晓夫上台以后，为了缓和这一地区的民族矛盾，振兴半岛经济，于 1954 年 2 月 19 日，以纪念乌克兰和俄罗斯合并 300 年，考虑到克里木州和乌克兰间的经济共同性，领土相邻及紧密的经济和文化联系为由，将克里米亚州由俄罗斯划归为乌克兰。1991 年，苏联解体时，克里米亚以自治共和国的身份加入乌克兰。普京在讲话中提到赫鲁晓夫将克里米亚划入乌克兰的动机，暗示 1954 年他为了竞争苏联最高领导权，需要乌克兰的支持。

普京在讲话中痛心地指出：俄罗斯自己促成了苏联的解体，却丢下了克里米亚和黑海舰队的基地——塞瓦斯托波尔。成千上百万的俄罗斯人在一个国家上床睡觉，醒来时却已身在俄罗斯之外了。俄罗斯人一瞬间就在过去的共和国里成为了少数民族。俄罗斯民族成为了世界上最分裂的民族。随后又引用了比喻：“在 1991 年时，克里米亚人像一袋土豆一样被踢来踢去”。普京的演讲具有爱国主义思想的特点，此处他的演讲与在场人员乃至全俄罗斯民众产生了高度的共鸣。因为克里米亚绝大数民众，尤其是俄罗斯族人认为加入俄罗斯以后，他们不但有了归属感，还有了生活的保障。克里米亚当地民众已经厌倦了乌克兰没完没了的政治斗争，渴望过上安稳的生活，认为加入俄罗斯后他们的生活会变好一些。克里米亚并入俄罗斯以后，俄罗斯劳动和社会保障部将克里米亚退休金提到俄罗斯的水平。俄劳动和社会保障部部长表示，在过渡时期，将克里米亚民众退休金提升一倍。而在普京看来，俄罗斯此次不过是拿回自己本来拥有的东西。“克里米亚、塞瓦斯托波尔本身就是俄罗斯扩张主义的产物，今天的回归，也是普京及其真诚支持他的俄罗斯民众的大国梦之小小的圆满。”[①]

普京许诺在克里米亚，俄语、乌克兰语、克里米亚鞑靼语拥有平等的地位。但在结尾处普京重复了发言的主旨“自古以来，克里米亚都是俄罗斯的领土，塞瓦斯托波尔是俄罗斯的城市”，他接着用“俄罗斯和乌克兰是一个民族”来强调两国在文化、语言关系上的亲密度，同时也指出现代俄、乌之间的所有冲突都有政治特点，与历史的自然发展相悖。

普京在克里米亚独立并加入俄罗斯的演讲中成功运用了“从法理上找依据”、“摆事实”、“回顾历史”的话语策略，演讲充满激情，演讲内容清晰，语言凝练有力且充满自信，达到了其演讲目的。普京在俄罗斯的威望空前上升，民众支持率超过70%，同时，也在国际社会引起强烈反响。

---

① 白晓红：《俄国历史进程中的克里米亚》，载《俄罗斯学刊》，2014年第3期。

图书在版编目（CIP）数据

话语与国际关系：国际政治语言研究/孙玉华主编. —北京：时事出版社，2015. 10

ISBN 978-7-80232-893-8

Ⅰ. ①话… Ⅱ. ①孙… Ⅲ. ①国际政治—语言学—研究 Ⅳ. ①D5②H0

中国版本图书馆 CIP 数据核字（2015）第 240741 号

出版发行：时事出版社

地　　址：北京市海淀区万寿寺甲 2 号

邮　　编：100081

发行热线：（010）88547590　88547591

读者服务部：（010）88547595

传　　真：（010）88547592

电子邮箱：shishichubanshe@ sina. com

网　　址：www. shishishe. com

印　　刷：北京昌平百善印刷厂

开本：787×1092　1/16　印张：14. 25　字数：180 千字

2015 年 10 月第 1 版　2015 年 10 月第 1 次印刷

定价：60. 00 元

（如有印装质量问题，请与本社发行部联系调换）